THÉATRE
DE
JEAN RACINE,

PRÉCÉDÉ DE LA VIE DE L'AUTEUR.

TOME PREMIER.

AVIGNON,

BONNET FILS, IMPRIMEUR-LIBRAIRE;

1823.

MEMOIRES

SUR LA VIE ET LES OUVRAGES DE JEAN RACINE.

Jean RACINE, né à la Ferté-Milon le 21 Décembre 1639, d'une famille noble, fut élevé à Port-royal-des-champs, et il en fut l'élève le plus illustre. Marie des Moulins, sa grand'mère, s'était retirée dans cette solitude si célèbre et si persécutée. Son goût dominant était pour les poètes tragiques. Il allait souvent se perdre dans les bois de l'abbaye, un Euripide à la main : il cherchait dès-lors à l'imiter. Il cachait des livres, pour les dévorer à des heures indues. Le sacristain Claude Lancelot, son maître dans l'étude de la langue grecque, lui brûla consécutivement trois exemplaires des Amours de Théagène et de Chariclée, roman grec, qu'il apprit par cœur à la troisième lecture. Après avoir fait ses humanités à Port-royal, et sa philosophie au collège d'Harcourt, il débuta dans le monde par une Ode sur le mariage du roi. Cette pièce, intitulée la Nymphe de la Seine, lui t une gratification de cent louis et une pension de 600 livres. Le ministre Colbert obtint l'une et l'autre de ces graces. Ce succès le détermina à la poésie. En vain un de ses oncles, chanoine régulier et vicaire-général d'Usez, l'appela dans cette ville pour lui résigner un riche bénéfice, la voix du talent l'appelait à Paris. Il s'y retira vers la fin de 1664, époque de sa première pièce de théâtre. La Thébaïde ou les Frères Ennemis (c'est le titre de cette tragédie) ne parut à la vérité qu'un coup d'essai aux bons juges; mais ce coup d'essai annonçait un maître. Le monologue de Jocaste dans le troisième acte, l'entrevue des deux frères dans le quatrième, et le récit des combats dans le dernier, furent un augure heureux de son génie. Il traita cette pièce dans le goût de Corneille; mais né pour servir lui-même de modèle, il quitta bientôt cette manière qui n'était pas la sienne. La lecture des romans avait tourné les esprits du côté de la tendresse, et ce fut de ce côté-là aussi qu'il tourna son génie. Il donna son Alexandre en 1666. Cette tragédie improuvée par Corneille (qui dit à l'auteur qu'il avait du talent pour la poésie, mais non pas pour le théâtre) charma tout Paris. Les connaisseurs la jugèrent plus sévèrement. L'amour qui domine dans cette pièce n'a rien de tragique. Alexandre y est presque éclipsé par Porus; et la versification, quoique supérieure à celle de la Thébaïde, offre bien de la négligence. Racine portait alors l'habit ecclésiastique, et ce fut à-peu-près vers ce temps-là qu'il obtint le prieuré d'Epinay, mais il n'en jouit pas long-temps. Ce bénéfice lui fut disputé; il n'en retira pour tout fruit qu'un procès, que ni lui ni ses juges n'entendirent jamais; aussi abandonna-t-il et le bénéfice et le procès. Alexandre fut suivi d'Andromaque, jouée en 1668; cette pièce coûta la vie au célèbre Montfleuri, qui y représentait le rôle d'Oreste. A peine Racine avait-il trente ans, mais son ouvrage annonçait un homme consommé dans l'art du théâtre. La terreur et la pitié sont l'âme de cette tragédie; elle serait admirable, si le désespoir d'Oreste, les emportemens d'Hermionne, les incertitudes de Pyrrus n'en ternissaient la beauté. Aucun personnage épisodique; l'intérêt n'est point partagé; et le lecteur n'y est pas refroidi. On y admira sur-tout le style noble sans enflure, simple sans bassesse. Elle essuya cependant quelques critiques Le Maréchal de Créqui et le Comte d'Olonne disaient hautement qu'il n'y avait que du romanesque dans l'Andromaque de Racine. Le Maréchal passait pour ne point aimer les femmes, et le Comte n'avait pas lieu de se louer de la tendresse de la sienne. Le poète offensé fit là-dessus l'épigramme suivante, qu'il s'adressait à lui-même :

Le vraisemblable est choqué dans ta pièce,
Si l'on en croit et d'Olonne et Créqui.
Créqui dit que Pyrrus aime trop sa maîtresse,
D'Olonne qu'Andromaque aime trop son mari.

Subligny publia contre Andromaque, une espèce de parodie, intitulée, la folle querelle, Comédie en prose, Paris, 1668, in-12. Mais cette sotte critique d'un sot auteur, ne fit qu'encourager le grand homme si injustement censuré. Andromaque avait annoncé à la France un grand homme; la comédie des Plaideurs, jouée la même année, annonça un très-bel esprit. On vit dans cette pièce des traits véritablement comiques, du ridicule fin et saillant, des plaisanteries pleines de sel et de goût. Malgré cela, les acteurs furent presque sifflés aux deux premières représentations, et n'osèrent hasarder la troisième. Molière, quoique brouillé avec Racine, n'adopta pas le jugement des faux connaisseurs, et dit en sortant de la comédie : Que ceux qui se moquaient des Plaideurs, méritaient qu'on se moquât d'eux. La pièce jouée à la cour fut très-applaudie, et Louis XIV y rit beaucoup. Bientôt la ville jugea comme la cour. Ce qui flatta sur-tout le Parterre de Paris, ce fut les allusions. On reconnut dans le juge qui veut toujours juger, un Président si passionné pour sa profession, qu'il l'exerçait dans son domestique. La dispute entre la Comtesse et Chicaneau, s'était réellement passée entre la Comtesse de Crisé et un fameux plaideur, chez Boileau le greffier. Le discours de l'Intimé, qui, dans la cause du chapon, commence par un exorde d'une oraison de Cicéron, fut pris sur le discours d'un avocat, qui s'était servi du même exorde dans la querelle d'un pâtissier contre un boulanger...

Les Plaideurs étaient une imitation des Guêpes d'Haristophane. Mais Racine ne dût qu'à lui-même son Britannicus, qui parut en 1670. Il se surpassa dans cette pièce. Nourri de la lecture de Tacite, il sut communiquer la force de cet historien à sa versification et à ses caractères. Ils sont tous également bien développés, également bien peints.. Néron est un monstre naissant, qui passe une gradation insensible de la vertu au crime, et du crime aux forfaits. Agrippine, mère de Néron, est digne de son fils. Burrus est un sage au milieu d'une cour corrompue. Junie intéresse; mais l'auteur lui fait trop d'honneur, en la peignant comme une fille vertueuse... Bérénice, jouée l'année d'après, soutint la gloire du poète aux yeux du public, et l'affaiblit aux yeux des gens de goût. Ce n'est qu'une pastorale héroïque; elle manque de ce sublime et de ce terrible, les deux grands ressorts de la tragédie. Elle est conduite avec art et avec une certaine vivacité; les sentimens en sont délicats, la versification élégante, noble, harmonieuse; mais encore une fois, ce n'est point une tragédie, en prenant ce mot dans la rigueur du terme. Titus n'est point un héros Romain, c'est un courtisan de Versailles. Tout roule sur ces trois mots de Suetone: INVITUS INVITAM DEMISIT. Ce fut Henriette d'Angleterre qui engagea Racine et Corneille à travailler sur ce sujet. Elle voulait jouir non-seulement du plaisir de voir lutter deux rivaux illustres, mais elle avait encore en vue le frein qu'elle même avait mis à son propre penchant pour Louis XIV. On prétend qu'un seigneur ayant demandé au Grand Condé son sentiment sur cette Tragédie, il répondit par ces deux vers, pris de la pièce même,

Depuis deux ans entiers, chaque jour je la vois,
Et crois toujours la voir pour la première fois.

Racine prit un essort plus élevé en 1672, dans

Bajazet. Le sujet est la conspiration du Visir, qui entreprit de mettre sur le trône Bajazet à la place d'Amurat son frère. Le caractère de ce Visir est, suivant les connaisseurs, le dernier effort de l'esprit humain, et la beauté de la diction le relève encore; pas un seul vers ou dur ou faible; pas un mot qui ne soit le mot propre; jamais de sublime hors d'œuvre, qui cesse d'être sublime; jamais de dissertation étrangère au sujet, toutes les convenances parfaitement observées; enfin ce rôle est d'autant plus admirable, qu'il se trouve dans la seule tragédie où l'on pouvait l'introduire, et qu'il aurait été déplacé par-tout ailleurs. Le caractère d'Athalie ne mérite pas moins d'éloges: la délicatesse de ses sentimens, les combats de son cœur, ses craintes, ses douleurs développent mieux les replis de l'ame que tous nos romans, et l'amour y est peint avec plus d'énergie. L'intérêt croit d'acte en acte; tous sont pleins et liés. Plusieurs morceaux respirent la vigueur tragique. La première scène est un modèle d'exposition, et celles qui la suivent sont des modèles de style... Mithridate, jouée en 1673, est plus dans le goût du grand Corneille, quoique l'amour soit encore le principal ressort de cet épithalame magnifique, et que cet amour y fasse faire des choses assez petites. Mithridate s'y sert d'un artifice de comédie, pour surprendre une jeune personne et lui faire dire son secret. Un homme d'esprit a très-bien remarqué que l'intrigue de cette pièce est aussi propre à la comédie qu'à la tragédie. Otez les grands noms de Monarque, de Guerrier, de Conquérant, Mithridate n'est qu'un vieillard amoureux d'une jolie fille, et ses fils en sont amoureux aussi, et il se sert d'une ruse assez basse pour découvrir celui des deux qui est aimé. C'est précisément l'intrigue de l'avare. Harpagon et le Roi de Pont sont deux vieillards amoureux; l'un et l'autre ont leur fils pour rival; l'un et l'autre se servent du même artifice pour découvrir l'intelligence qui est entre leur fils et leur maîtresse; et les deux pièces finissent par le mariage du jeune homme. Ce qu'on a dit de Mithridate, on pouvait le dire de Britannicus. Néron dans cette pièce est un jeune homme impérieux, qui vient amoureux tout d'un coup ; qui dans le moment veut se séparer d'avec sa femme, et se cache derrière une tapisserie pour écouter les discours de sa maîtresse. Cette fureur de mettre de l'amour partout, a dégradé presque tous les héros de Racine. Titus, dans sa Bérénice, a un caractère non efféminé. Alexandre le Grand, dans la pièce qui porte son nom, n'est occupé que de l'amour d'une petite Cléofile, dont le spectateur ne fait pas beaucoup de cas. Mithridate est beaucoup mieux peint. On le voit tel qu'il était, respirant la vengeance et l'ambition, plein de courage, grand dans la prospérité, plus grand dans l'adversité, violent, emporté, jaloux, cruel; mais le portrait n'en aurait paru que plus ressemblant et plus frappant, si le Roi n'avait pas soupiré. Iphigénie ne parut que deux ans après Mithridate, en 1675; elle fit verser des larmes plus qu'aucune pièce de Racine. Les événemens y sont préparés avec art, et enchaînés avec adresse. Elle laisse dans le cœur cette tristesse majestueuse, l'ame de la tragédie. L'amour d'Achille est moins une faiblesse qu'un devoir, parce qu'il a tous les caractères de la tendresse conjugale. Le Clerc, indigne rival d'un grand homme, osa donner une Iphigénie dans le même temps que celle de Racine, mais la sienne mourut en naissant; et celle du Sophocle Français vivra autant que le théâtre. . . . . Il y avait une faction violente contre Racine, et ce poète la redoutait. Il fit long-temps mystère de sa Phèdre. Dès que la cabale acharnée contre lui l'eut pénétrée, elle invita Pradon, le rimailleur Pradon, à traiter le même sujet. Ce versificateur goûta cette idée et l'exécuta; en moins de trois mois sa pièce fut achevée. On joua celle de Racine le premier Janvier 1677, et deux jours après celle de Pradon, qui, grace à ses protecteurs et à leurs indignes manœuvres, fut jugée la meilleure. Les chefs de cette cabale s'assemblaient à l'hôtel de Bouillon. Madame des Houlières, le duc de Nevers, et d'autres personnes de mérite ne craignirent pas d'y entrer. Les connaisseurs se taisaient et admiraient. Le grand Arnauld, aussi bon juge en littérature qu'en théologie, ne trouva à reprendre que l'amour dH'ypolite, et l'auteur lui répondit : qu'auraient pensé les petits maîtres, s'il avait été ennemi de toutes les femmes ? Les deux Phèdres de Racine et de Pradon sont d'après celle d'Euridipe. L'imitation est à-peu-près semblable : même contexture, mêmes personnages, mêmes situations, même fonds d'intérêt, de sentiment et de pensées. Chez Pradon comme chez Racine, Phèdre est amoureuse d'Hypolite. Thésée est absent dans les premiers actes : on le croit retenu aux enfers avec Pirithoüs. Hypolite aime Aricie et veut la suivre ; il fait l'aveu de sa passion à son amante, et reçoit avec horreur la déclaration de Phèdre ; il meurt du même genre de mort, et son gouverneur fait un récit. La différence du plan de chaque pièce est peut-être à l'avantage de la Phèdre de Pradon ; mais quelle versification barbare ! Pour avoir une Phèdre parfaite, il fallait le plan de Pradon et les vers de Racine. C'est lorsque ces deux auteurs se rencontrent le plus pour le fond des choses, qu'on remarque mieux, combien ils diffèrent pour la manière de les rendre. L'un est le Rubens de la poésie, et l'autre n'est qu'un plat barbouilleur. Lorsque Phèdre, ce triomphe de la versification française après Athalie, fut imprimée, ses ennemis firent de nouveaux efforts. Ils se hâtèrent de donner une édition fautive ; on gâta des scènes entières ; on eut la noirceur de substituer aux vers les plus heureux, des vers plats et ridicules. Racine, dégoûté par ces indignités de la carrière du théâtre, sémée de tant d'épines, résolut de se faire Chartreux. Son directeur, en apprenant le dessein qu'il avait de renoncer au monde et à la comédie, lui conseilla de s'arracher à ces deux objets si séduisans, plutôt par un mariage chrétien, que par une entière retraite. Il épousa quelques années après, la fille d'un Trésorier de France d'Amiens. Son épouse, également belle et vertueuse, fixa son cœur, et lui fit goûter les délices de l'hymen; délices pures, sans repentir et sans remords. Ce fut alors qu'il se réconcilia avec les solitaires de Port-royal, qui n'avaient pas voulu le voir depuis qu'il s'était consacré au théâtre. La même année de son mariage, en 1677, Racine fut chargé d'écrire l'Histoire de Louis XIV, conjointement avec Boileau. Au retour de la dernière campagne de cette année, le Roi dit à ces deux historiens: Je suis fâché que vous ne soyez pas venus avec moi; vous auriez vu la guerre, et votre voyage n'eût pas été long...... Racine lui répondit; Votre Majesté ne nous a pas donné le temps de nous faire faire nos habits.... La religion avait enlevé Racine à la poésie; la religion l'y ramena. Madame de Maintenon le pria de faire une pièce sainte, qui pût être jouée à Saint-Cyr : il fit Esther. Imitateur des anciens qui mêlaient dans leurs pièces des évènemens de leurs temps, il fit entrer dans la sienne le tableau de la cour et des spectateurs. On retrouvait Madame de Montespan sous le nom de Vasthi, et Louvois sous celui d'Aman. L'élévation d'Esther était celle de Madame de Maintenon. Cette pièce fut jouée en présence de toute la cour par les demoiselles de Saint-Cyr, en 1689; et toutes ces illusions ne contribuèrent pas peu à la faire applaudir. Mais quand Esther fut imprimée, le charme se dissipa. Elle parut froide à la lecture ; beaucoup de vers faibles, parmi un grand nombre d'excellens; l'action n'est point théâtrale: enfin les beaux esprits de Paris déprimèrent tous les endroits qui avaient eu le suffrage de la cour. Mille louis de gratification consolèrent Racine de ces critiques. Il eut ordre de composer une autre pièce; il trouva dans le quatrième livre des Rois une action intéressante, et assez de matière pour se passer d'amour, d'épisodes et de confidens. Il répara la simplicité de l'intrigue par l'élégance de la poésie, par la noblesse des caractères, par la vérité des sentimens, par de grandes leçons données aux rois, aux ministres et aux courtisans, par l'usage heureux des vérités sublimes de l'Ecriture. Athalie (c'est le nom de cette pièce) fut jouée en 1691 ; cette tragédie, le chef-d'œuvre de la scène française, fut reçue avec froideur à la représentation et à la lecture: on disait que c'était un sujet de dévotion propre à amuser des enfans.... Racine entièrement dégouté du théâtre, ne travailla plus qu'à l'histoire du Roi ; mais soit qu'il craignît d'être accusé d'ingratitude s'il était vrai, et de reconnaissance s'il n'était satyrique, il ne poussa pas bien loin son ouvrage, qui périt dans un incendie. Valincourt, possesseur de ce manuscrit, le voyant près d'être consumé, donna vingt louis à un savoyard pour l'aller chercher au travers des flammes, mais au lieu du manuscrit, on lui apporta un recueil des Gazettes de France. Racine jouissait alors de tous les agrémens que peut avoir un bel esprit à la cour. Il était gentilhomme ordinaire du Roi, qui le traitait en favori, et le faisait coucher dans sa chambre pendant ses maladies. Ce monarque aimait à l'entendre parler, lire, déclamer. Tout s'animait dans sa bouche, tout prenait une ame, une vie. Pendant une maladie de Louis XIV, ce prince lui dit de chercher quelque livre propre à l'amuser. Racine lui proposa le Plutarque d'Amiot ; c'est du Gaulois, repondit le Roi ; mais Racine substitua si heureusement les mots en usage, que Louis XIV y prit le plus grand plaisir. A Anteuil, maison de campagne de Boileau, il lut quelques scènes de Sophocle qu'il traduisit sur le champ. J'ai vu, dit Valincourt, qui était présent, nos meilleures pièces représentées par nos meilleurs acteurs ; rien n'a jamais approché du trouble où me jetta le récit du poète. La faveur de Racine auprès de Louis XIV ne dura pas, et sa disgrace hâta sa mort. Madame de Maintenon, touchée de la misère du peuple, demanda à Racine un mémoire sur ce sujet intéressant. Le Roi le vit entre les mains de cette dame, et fâché de ce que son historien approfondissait les défauts de son administration, il lui défendit de le revoir, en lui disant : Parce qu'il est poète, veut-il être ministre ? Des idées tristes, une fièvre violente, une maladie dangereuse, furent la suite de ces paroles. Racine mourut le 22 Avril 1699, à 59 ans, d'un petit abcès dans le foie. Un anonyme lui a fait cette épitaphe :

Racine a terminé ses veilles,
Entre Sophocle et l'aîné des Corneilles,
Sa place était marquée aux champs Elysiens.
Poète et courtisan, voici sa courte histoire :
Sur la scène il acquit plus d'honneur que biens ;
A la cour il obtint plus de biens que de gloire.

Madame de Romanet, veuve de Racine, dont il avait eu deux fils et trois filles, mourut à Paris au mois de novembre 1732.

Ce grand homme était d'une taille médiocre, sa figure était agréable, son air ouvert, sa phisionomie douce et vive. Il avait la politesse d'un courtisan, et les saillies d'un bel esprit. Son caractère était aimable, mais il passait pour faux ; et, avec une douceur apparente, il était naturellement très-caustique. Il peignit dans ses Tragédies plus d'un personnage d'après nature, et le célèbre acteur Baron a dit plus d'une fois : « Que c'était d'après soi-même qu'il avait » fait Narcisse dans la tragédie de Britannicus. » Plusieurs Epigrammes, un grand nombre de Couplets et de Vers satyriques qu'on brula à sa mort, prouvent la vérité de ce que répondit Despréaux à ceux qui le trouvaient trop malin : Racine, disait-il, l'est bien plus que moi. Sa malignité vient souvent de son amour propre : trop sensible à la critique et aux éloges. Racine voulant détourner son fils aîné de la poésie, lui avouait que « la plus mauvaise critique » lui avait causé plus de chagrin que les plus grands

» applaudissemens ne lui avaient fait de plaisir ». Ne crois pas (lui disait-il) que ce soient mes pièces qui m'attirent les caresses des Grands. Corneille fait des vers cent fois plus beaux que les miens, et cependant personne ne le regarde. On ne l'aime que dans la bouche de ses acteurs; au lieu que sans fatiguer les gens du monde du récit de mes ouvrages, dont je ne leur parle jamais, je les entretiens de choses qui leur plaisent. Mon talent avec eux n'est pas de leur faire sentir que j'ai de l'esprit, mais de leur apprendre qu'ils en ont. Malgré cette finesse politique, Racine passait à la cour pour un homme qui avait envie d'être courtisan, mais qui ne savait l'être. Le Roi, le voyant un jour à la promenade avec Monsieur de Cavoye : Voilà, dit-il, deux hommes que je vois souvent ensemble; j'en devine la raison : Cavoye avec Racine se croit bel esprit, Racine avec Cavoye se croit courtisan. Les défauts de ce poète furent effacés en partie par de grandes qualités. La religion reprima tous ses penchans. La raison (disait Boileau à ce sujet) conduit ordinairement les autres à la foi, mais c'est la foi qui a conduit Racine à la raison. Il eut sur la fin de ses jours une piété tendre, une probité austère. Il était bon père, bon époux, bon parent, bon ami... Mais considérons-le à présent par les endroits qui l'immortalisent. Voyons dans cet écrivain, rival des tragiques grecs pour l'intelligence des passions, une élégance toujours soutenue, une correction admirable, la vérité la plus frappante; point ou presque point de déclamation; par-tout le langage du cœur et du sentiment; l'art de la versification, l'harmonie et les graces de la poésie portées au plus haut degré. C'est le poète après Virgile, qui a le mieux entendu cette partie des vers ; et en cela, mais peut-être en cela seul, il est supérieur à Corneille. On ne trouve pas chez lui, comme dans ce Pere de notre théâtre, ces antithèses affectées, ces négligences basses, ces licences continuelles, cette obscurité, cette emphase, et enfin ces phrases synonymes, où la même pensée est plus remaniée que la division d'un Sermon. Nous remarquons ces défauts de Corneille, pour servir de correctif au parallèle que Fontenelle fait de ce poète avec Racine: parallèle ingénieux, mais quelquefois trop favorable à l'auteur de Cinna. La Motte a rendu plus de justice à l'un et à l'autre dans les vers suivans:

L'un plus pur, l'autre plus sublime,
Tous deux partagent notre estime,
Par un mérite différent;
Tour à tour ils nous font entendre
Ce que le cœur a de plus tendre,
Ce que l'esprit a de plus grand.

Ce qui rendit Racine supérieur à Corneille dans les sujets qu'ils traitèrent l'un et l'autre, c'est que Racine joignait à un travail assidu une grande connaissance des tragiques Grecs, et une étude continuelle de leurs beautés, de leur langue et de la nôtre. Il consultait les juges les plus sévères, les plus éclairés; il les écoutait avec docilité. Enfin, il se faisait gloire, ainsi que Boileau, d'être revêtu des dépouilles des anciens. Il avait formé son style sur le leur « On peut, dit M. de Molar, réussir peut-être
» mieux que lui dans les catastrophes; on peut pro-
» duire plus de terreur, approfondir davantage le
» sentiment, mettre de plus grands mouvemens
» dans les intrigues, mais quiconque ne se formera
» pas comme lui sur les anciens, quiconque sur-tout
» n'imitera pas la pureté de leur style et du sien,
» n'aura jamais de réputation dans la postérité. »
Nous finirons ces remarques par les quatre vers dont Boileau, son illustre ami, orna son portrait:

Du Théâtre français, l'honneur et la merveille,
Il sut ressusciter Sophocle et ses écrits;
Et dans l'art d'enchanter les cœurs et les esprits,
Surpasser Euripide et balancer Corneille.

FIN DES MÉMOIRES.

LA THÉBAÏDE,

ou

LES FRÈRES ENNEMIS,

TRAGÉDIE.

PERSONNAGES.

ÉTÉOCLE, Roi de Thèbes.
POLYNICE, Frère d'Étéocle.
JOCASTE, Mère de ces deux princes et d'Antigone.
ANTIGONE, Sœur d'Étéocle et de Polynice.
CRÉON, Oncle des princes et de la princesse.
HÉMON, Fils de Créon, Amant d'Antigone.
OLYMPE, Confidente de Jocaste.
ATTALE, Confident de Créon.
UN SOLDAT de l'armée de Polynice.
GARDES.

La Scène est à Thèbes, dans une salle du Palais royal.

LA THÉBAÏDE,

OU

LES FRÈRES ENNEMIS,

TRAGÉDIE.

ACTE PREMIER.

SCENE PREMIERE.

JOCASTE, OLYMPE.

JOCASTE.

Ils sont sortis, Olympe ! Ah mortelles douleurs !
Qu'un moment de repos va me coûter de pleurs !
Mes yeux depuis six mois, étaient ouverts aux larmes;
Et le sommeil les ferme en de telles alarmes !
Puisse plutôt la mort les fermer pour jamais,
Et m'empêcher de voir le plus noir des forfaits !
Mais en sont-ils aux mains ?

OLYMPE.

Du haut de la muraille
Je les ai vu déjà tous rangés en bataille ;
J'ai vu déjà le fer briller de toutes parts,
Et pour vous avertir j'ai quitté les remparts.
J'ai vu, le fer en main, Étéocle lui même,
Il marche des premiers, et d'une ardeur extrême,
Il montre aux plus hardis à braver le danger.

JOCASTE.

N'en doutons plus, Olympe, ils se vont égorger ;
Que l'on coure avertir et hâter la princesse ;

Je l'attends. Juste ciel, soutenez ma faiblesse !
Il faut courir, Olympe, après ces inhumains ;
Il les faut séparer, ou mourir par leurs mains.
Nous voici donc, hélas ! à ce jour détestable
Dont la seule frayeur me rendait misérable !
Ni prières ni pleurs ne m'ont de rien servi,
Et le courroux du sort voulait être assouvi.
 O toi, Soleil, ô toi, qui rends le jour au monde,
Que ne l'as-tu laissé dans une nuit profonde !
A de si noirs forfaits prêtes-tu tes rayons ?
Et peux-tu, sans horreur, voir ce que nous voyons ?
Mais ces monstres, hélas, ne t'épouvantent guère ;
La race de Laïus les a rendus vulgaires ;
Tu peux voir sans frayeur les crimes de mes fils,
Après ceux que le père et la mère ont commis.
Tu ne t'étonnes pas si mes fils sont perfides,
S'ils sont tous deux méchans, et s'ils sont parricides ;
Tu sais qu'ils sont sortis d'un sang incestueux,
Et tu t'étonnerais s'ils étaient vertueux.

SCÈNE II.

JOCASTE, ANTIGONE, OLYMPE.

JOCASTE.

Ma fille, avez-vous su l'excès de nos misères ?

ANTIGONE.

Oui, Madame, on m'a dit la fureur de mes frères.

JOCASTE.

Allons, chère Antigone, et courons de ce pas
Arrêter, s'il se peut, leurs parricides bras.
Allons leur faire voir ce qu'ils ont de plus tendre ;
Voyons si contre nous il pourra se défendre,
Où s'ils oseront bien, dans leur noire fureur,
Répandre notre sang pour attaquer le leur.

ANTIGONE.

Madame, c'en est fait, voici le roi lui-même.

SCENE III.

JOCASTE, ANTIGONE, ÉTÉOCLE, OLYMPE.

JOCASTE.

Olympe, soutiens-moi, ma douleur est extrême.

ÉTÉOCLE.

Madame, qu'avez-vous, et quel trouble...

JOCASTE.

Ah, mon fils !
Quelles traces de sang vois-je sur vos habits ?
Est-ce le sang d'un frère? ou n'est-ce point du vôtre?

ÉTÉOCLE.

Non, Madame, ce n'est ni de l'un ni de l'autre.
Dans son camp jusqu'ici Polynice arrêté,
Pour combattre, à mes yeux ne s'est point présenté.
D'Argiens seulement une troupe hardie
M'a voulu de nos murs disputer la sortie :
J'ai fait mordre la poudre à ces audacieux,
Et leur sang est celui qui parait à vos yeux.

JOCASTE.

Mais que prétendiez-vous? et quelle ardeur soudaine
Vous a fait tout-à-coup descendre dans la plaine?

ÉTÉOCLE.

Madame, il était temps que j'en usasse ainsi,
Et je perdais ma gloire à demeurer ici.
Le peuple, à qui la faim se faisait déjà craindre,
De mon peu de vigueur commençait à se plaindre,
Me reprochant déjà qu'il m'avait couronné,
Et que j'occupais mal le rang qu'il m'a donné.
Il le faut satisfaire ; et quoiqu'il m'en arrive,
Thèbes dès aujourd'hui ne sera plus captive :
Je veux, en n'y laissant aucun de mes soldats,
Qu'elle soit seulement juge de nos combats.
J'ai des forces assez pour tenir la campagne ;
Et si quelque bonheur nos armes accompagne,
L'insolent Polynice et ses fiers alliés
Laisseront Thèbes libre, ou mourront à mes pieds.

JOCASTE.

Vous pourriez d'un tel sang, ô ciel! souiller vos armes!
La couronne pour vous a-t-elle tant de charmes?
Si par un parricide il fallait la gagner,
Ah, mon fils! à ce prix voudriez-vous régner!
Mais il ne tient qu'à vous, si l'honneur vous anime,
De nous donner la paix sans le secours d'un crime,
Et, de votre courroux triomphant aujourd'hui,
Contenter votre frère et régner avec lui.

ÉTÉOCLE.

Appelez-vous régner partager ma couronne,
Et céder lâchement ce que mon droit me donne?

JOCASTE.

Vous le savez, mon fils, la justice et le sang
Lui donnent comme à vous sa part à ce haut rang :
Œdipe, en achevant sa triste destinée,
Ordonna que chacun régnerait son année ;
Et n'ayant qu'un état à mettre sous vos lois,
Voulut que tour-a-tour vous fussiez tous deux rois.
A ces conditions vous daignâtes souscrire.
Le sort vous appela le premier à l'empire ;
Vous montâtes au trône, il n'en fut point jaloux ;
Et vous ne voulez pas qu'il y monte avec vous !

ÉTÉOCLE.

Non, Madame, à l'empire il ne doit plus prétendre :
Thèbes à cet arrêt n'a point voulu se rendre ;
Et lorsque sur le trône il s'est voulu placer,
C'est elle, et non pas moi, qui l'en a su chasser.
Thèbes doit-elle moins redouter sa puissance,
Après avoir six mois senti sa violence ?
Voudrait-elle obéir à ce prince inhumain,
Qui vient d'armer contr'elle et le fer et la faim?
Prendrait-elle pour roi l'esclave de Mycène,
Qui pour tous les Thébains n'a plus que de la haine,
Qui s'est au roi d'Argos indignement soumis,
Et que l'hymen attache à nos fiers ennemis?
Lorsque le roi d'Argos l'a choisi pour son gendre,
Il espérait par lui de voir Thèbes en cendre.

L'amour eut peu de part à cet hymen honteux,
Et la seule fureur en alluma les feux.
Thèbes m'a couronné pour éviter ses chaînes,
Elle s'attend par moi de voir finir ses peines :
Il la faut accuser si je manque de foi,
Et je suis son captif, je ne suis pas son roi.

JOCASTE.

Dites, dites plutôt, cœur ingrat et farouche,
Qu'auprès du diadème il n'est rien qui vous touche.
Mais je me trompe encor, ce rang ne vous plaît pas,
Et le crime tout seul a pour vous des appas.
Hé bien ! puisqu'à ce point vous en êtes avide,
Je vous offre à commettre un double parricide :
Versez le sang d'un frère ; et, si c'est peu du sien,
Je vous invite encore à répandre le mien.
Vous n'avez plus alors d'ennemis à soumettre,
D'obstacle à surmonter, ni de crime à commettre ;
Et n'ayant plus au trône un fâcheux concurrent,
De tous les criminels vous serez le plus grand.

ÉTÉOCLE.

Hé bien, Madame, hé bien, il faut vous satisfaire ;
Il faut sortir du trône et couronner mon frère ;
Il faut, pour seconder votre injuste projet,
De son roi que j'étais, devenir son sujet :
Et pour vous élever au comble de la joie,
Il faut à sa fureur que je me livre en proie ;
Il faut par mon trépas....

JOCASTE.

Ah ciel quelle rigueur !
Que vous pénétrez mal dans le fond de mon cœur !
Je ne demande pas que vous quittiez l'empire ;
Régnez toujours, mon fils, c'est ce que je désire.
Mais si tant de malheurs vous touchent de pitié,
Si pour moi votre cœur garde quelque amitié,
Et si vous prenez soin de votre gloire même ;
Associez un frère à cet honneur suprême ;
Ce n'est qu'un vain éclat qu'il recevra de vous ;
Votre règne en sera plus puissant et plus doux ;
Les peuples, admirant cette vertu sublime,

Voudront toujours pour prince un roi si magnanime;
Et cet illustre effort, loin d'affaiblir vos droits,
Vous rendra le plus juste et le plus grand des rois.
Ou, s'il faut que mes vœux vous trouvent inflexible,
Si la paix à ce prix vous paraît impossible,
Et si le diadème a pour vous tant d'attraits,
Au moins consolez-moi de quelque heure de paix:
Accordez cette grace aux larmes d'une mère.
Et cependant, mon fils, j'irai voir votre frère;
La pitié dans son ame aura peut-être lieu;
Ou du moins pour jamais j'irai lui dire adieu.
Dès ce même moment permettez que je sorte;
J'irai jusqu'à sa tente et j'irai sans escorte;
Par mes justes soupirs j'espère l'émouvoir.

ÉTÉOCLE.

Madame, sans sortir vous pouvez le revoir;
Et si cette entrevue a pour vous tant de charmes,
Il ne tiendra qu'à lui de suspendre nos armes.
Vous pouvez dès cette heure accomplir vos souhaits,
Et le faire venir jusque dans ce palais.
J'irai plus loin, et pour faire connaître
Qu'il a tort en effet de me nommer un traître,
Et que je ne suis pas un tyran odieux,
Que l'on fasse parler et le peuple et les dieux.
Si le peuple y consent, je lui cède ma place;
Mais qu'il se rende enfin, si le peuple le chasse.
Je ne force personne, et j'engage ma foi
De laisser aux Thébains à se choisir un roi.

SCÈNE IV.

JOCASTE, ÉTÉOCLE, ANTIGONE, CRÉON, OLYMPE.

CRÉON.

Seigneur, votre sortie a mis tout en alarmes:
Thèbes qui croit vous perdre, est déjà tout en larmes;

L'épouvante et l'horreur règnent de toutes parts,
Et le peuple effrayé tremble sur ses remparts.
ÉTÉOCLE.
Cette vaine frayeur sera bientôt calmée.
Madame, je m'en vais retrouver mon armée ;
Cependant vous pouvez accomplir vos souhaits,
Faire entrer Polynice et lui parler de paix.
Créon, la reine ici commande en mon absence ;
Disposez tout le monde à son obéissance ;
Laissez pour recevoir et pour donner ses lois,
Votre fils Ménécée, et j'en ai fait le choix :
Comme il a de l'honneur ainsi que du courage,
Ce choix aux ennemis ôtera tout ombrage,
Et sa vertu suffit pour les rendre assurés.
(à Créon).
Commandez-lui, Madame. Et vous, vous me suivrez.
CRÉON.
Quoi, Seigneur !...
ÉTÉOCLE.
Oui, Créon, la chose est résolue.
CRÉON.
Et vous quittez ainsi la puissance absolue ?
ÉTÉOCLE.
Que je la quitte ou non, ne vous tourmentez pas ;
Faites ce que j'ordonne, et venez sur mes pas.

SCÈNE V.
JOCASTE, ANTIGONE, CRÉON, OLYMPE.
CRÉON.
Qu'avez-vous fait, Madame ? et par quelle conduite
Forcez-vous un vainqueur à prendre ainsi la fuite ?
Ce conseil va tout perdre.
JOCASTE.
Il va tout conserver ;
Et par ce seul conseil, Thèbes se peut sauver.
CRÉON.
Et quoi, Madame, eh quoi ! dans l'état où nous sommes,

Lorsqu'avec un renfort de plus de six mille hommes,
La fortune promet toutes choses aux Thébains,
Le roi se laisse ôter la victoire des mains!
JOCASTE.
La victoire, Créon, n'est pas toujours si belle;
La honte et les remords vont souvent après elle.
Quand deux frères armés vont s'égorger entr'eux,
Ne les pas séparer c'est les perdre tous deux.
Peut-on faire au vainqueur une injure plus noire,
Que lui laisser gagner une telle victoire?
CRÉON.
Leur courroux est trop grand...
JOCASTE.
                    Il peut être adouci.
CRÉON.
Tous deux veulent régner.
JOCASTE.
                    Ils régneront aussi.
CRÉON.
On ne partage point la grandeur souveraine;
Et ce n'est pas un bien qu'on quitte et qu'on reprenne.
JOCASTE.
L'intérêt de l'état leur servira de loi.
CRÉON.
L'intérêt de l'état est de n'avoir qu'un roi,
Qui d'un ordre constant gouvernant ses provinces,
Accoutume à ses lois et le peuple et les princes.
Ce règne interrompu de deux rois différens,
En lui donnant deux rois, lui donne deux tyrans.
Par un ordre souvent l'un à l'autre contraire,
Un frère détruirait ce qu'aurait fait un frère :
Vous les verriez toujours former quelque attentat,
Et changer tous les ans la face de l'état.
Ce terme limité que l'on veut leur prescrire,
Accroît leur violence, en bornant leur empire.
Tous deux feront gémir les peuples tour à tour :
Pareils à ces torrens qui ne durent qu'un jour;
Plus leur cours est borné, plus ils font de ravage,
Et d'horribles dégâts signalent leur passage.
JOCASTE.

TRAGÉDIE.

JOCASTE.
On les verrait plutôt par de nobles projets,
Se disputer tous deux l'amour de leurs sujets.
Mais avouez, Créon, que toute votre peine
C'est de voir que la paix rend votre attente vaine;
Qu'elle assure à mes fils le trône où vous tendez,
Et va rompre le piège où vous les attendez.
Comme après leur trépas le droit de la naissance
Fait tomber en vos mains la suprême puissance,
Le sang qui vous unit aux deux princes mes fils
Vous fait trouver en eux vos plus grands ennemis;
Et votre ambition qui tend à la fortune,
Vous donne pour eux deux une haine commune.
Vous inspirez au roi vos conseils dangereux,
Et vous en servez un pour les perdre tous deux.

CRÉON.
Je ne me repais point de pareilles chimères :
Mes respects pour le roi sont ardens et sincères;
Et mon ambition est de le maintenir
Au trône où vous croyez que je veux parvenir.
Le soin de sa grandeur est le seul qui m'anime;
Je hais ses ennemis, et c'est là tout mon crime :
Je ne m'en cache point. Mais à ce que je vois,
Chacun n'est pas ici criminel comme moi.

JOCASTE.
Je suis mère, Créon, et si j'aime son frère,
La personne du roi ne m'en est pas moins chère.
De lâches courtisans peuvent bien le haïr ;
Mais une mère enfin ne peut pas se trahir.

ANTIGONE.
Vos intérêts ici sont conformes aux nôtres.
Les ennemis du roi ne sont pas tous les vôtres;
Créon, vous êtes père, et dans ces ennemis,
Peut-être songez-vous que vous avez un fils.
On sait de quelle ardeur Hémon sert Polynice.

CRÉON.
Oui, je le sais, Madame, et je lui fais justice;
Je le dois, en effet, distinguer du commun,
Mais c'est pour le haïr encor plus que pas un;

Tome 1.   B

Et je souhaiterais dans ma juste colère,
Que chacun le haït comme le hait son père.
ANTIGONE.
Après tout ce qu'a fait la valeur de son bras,
Tout le monde en ce point ne vous ressemble pas.
CRÉON.
Je le vois bien, madame, et c'est ce qui m'afflige;
Mais je sais bien à quoi sa révolte m'oblige;
Et tous ces beaux exploits qui le font admirer,
C'est ce qui me le fait justement abhorrer.
La honte suit toujours le parti des rebelles;
Leurs grandes actions sont les plus criminelles;
Ils signalent leur crime en signalant leurs bras,
Et la gloire n'est point où les rois ne sont pas.
ANTIGONE.
Écoutez un peu mieux la voix de la nature.
CRÉON.
Plus l'offenseur m'est cher, plus je ressens l'injure.
ANTIGONE.
Mais un père à ce point doit-il être emporté?
Vous avez trop de haine.
CRÉON.
Et vous trop de bonté.
C'est trop parler, madame, en faveur d'un rebelle.
ANTIGONE.
L'innocence vaut bien que l'on parle pour elle.
CRÉON.
Je sais ce qui le rend innocent à vos yeux.
ANTIGONE.
Et je sais quel sujet vous le rend odieux.
CRÉON.
L'amour a d'autres yeux que le commun des hommes.
JOCASTE.
Vous abusez, Créon, de l'état où nous sommes;
Tout vous semble permis: mais craignez mon courroux.
Vos libertés enfin retomberaient sur vous.
ANTIGONE.
L'intérêt du public agit peu sur mon ame,

TRAGEDIE.

Et l'amour du pays nous cache une autre flamme...
Je la sais, mais Créon, j'en abhorre le cours,
Et vous ferez bien mieux de la cacher toujours.

CRÉON.

Je le ferai, madame, et je veux par avance
Vous épargner encor jusques à ma présence.
Aussi-bien mes respects redoublent vos mépris;
Et je vais faire place à ce bienheureux fils.
Le roi m'appelle ailleurs, il faut que j'obéisse.
Adieu. Faites venir Hémon et Polynice.

JOCASTE.

N'en doute pas, méchant, ils vont venir tous deux,
Tous deux ils préviendront tes desseins malheureux.

SCENE VI.

JOCASTE, ANTIGONE, OLYMPE.

ANTIGONE.

Le Perfide! A quel point son insolence monte!

JOCASTE.

Ses superbes discours tourneront à sa honte.
Bientôt, si nos désirs sont exaucés des cieux,
La paix nous vengera de cet ambitieux.
Mais il faut se hâter, chaque heure nous est chère....
Appelons promptement Hémon et votre frère;
Je suis pour ce dessein, prête à leur accorder
Toutes les suretés qu'ils pourront demander.
Et toi, si mes malheurs ont lassé ta justice,
Ciel, dispose à la paix le cœur de Polynice,
Seconde mes soupirs, donne force à mes pleurs,
Et comme il faut enfin fait parler ma douleur.

ANTIGONE, *seule*.

Et si tu prends pitié d'une flamme innocente,
O ciel, en ramenant Hémon à son amante,
Ramène-le fidelle, et permets en ce jour,
Qu'en retrouvant l'amant, je retrouve l'amour.

Fin du premier Acte.

ACTE II.

SCÈNE PREMIERE.
ANTIGONE, HÉMON.

HÉMON.

Quoi ! vous me refusez votre aimable présence,
Après un an entier de supplice et d'absence,
Ne m'avez-vous, madame, appelé près de vous,
Que pour m'ôter sitôt un bien qui m'est si doux ?
ANTIGONE.
Et voulez-vous sitôt que j'abandonne un frère ?
Ne dois-je pas au temple accompagner ma mère ?
Et dois-je préférer, au gré de vos souhaits,
Le soin de votre amour et celui de la paix ?
HÉMON.
Madame, à mon bonheur c'est chercher trop d'obs-
    tacles,
Ils iront bien sans nous consulter les oracles.
Permettez que mon cœur, en voyant vos beaux yeux,
De l'état de son sort interroge ses dieux.
Puis-je leur demander, sans être téméraire,
S'ils ont toujours pour moi leur douceur ordinaire ?
Souffrent-ils sans courroux mon ardente amitié ?
Et du mal qu'ils ont fait ont-ils quelque pitié ?
Durant le triste cours d'une absence cruelle,
Avez-vous souhaité que je fusse fidelle ?
Songiez-vous que la mort menaçait, loin de vous,
Un amant qui ne doit mourir qu'à vos genoux ?
Ah ! d'un si bel objet quand une ame est blessée,
Quand un cœur jusqu'à vous élève sa pensée,
Qu'il est doux d'adorer tant de divins appas !
Mais aussi que l'on souffre en ne les voyant pas !
Un moment loin de vous me durait une année :

TRAGÉDIE.

J'aurais fini cent fois ma triste destinée,
Si je n'eusse songé, jusques à mon retour,
Que mon éloignement vous prouvait mon amour;
Et que le souvenir de mon obéissance
Pourrait, en ma faveur, parler en mon absence;
Et que pensant à moi vous penseriez aussi
Qu'il faut aimer beaucoup, pour obéir ainsi.

ANTIGONE.

Oui, je l'avais bien cru qu'une ame si fidelle
Trouverait dans l'absence une peine cruelle;
Et si mes sentimens se devaient découvrir,
Je souhaitais, Hémon, qu'elle vous fît souffrir,
Et qu'étant loin de moi, quelque ombre d'amertume
Vous fît trouver les jours plus longs que de coutume.
Mais ne vous plaignez pas : mon cœur chargé d'ennui
Ne vous souhaitait rien qu'il n'éprouvât en lui;
Sur-tout depuis le temps que dure cette guerre,
Et que de gens armés vous couvrez cette terre.
O dieux! à quels tourmens mon cœur s'est vu soumis,
Voyant des deux côtés ses plus tendres amis !
Mille objet de douleur déchiraient mes entrailles;
J'en voyais et dehors et dedans nos murailles:
Chaque assaut à mon cœur livrait mille combats;
Et mille fois le jour je souffrais le trépas.

HÉMON.

Mais enfin qu'ai-je fait en ce malheur extrême,
Que ne m'ait ordonné ma princesse elle-même?
J'ai suivi Polynice, et vous l'avez voulu;
Vous me l'avez prescrit par un ordre absolu.
Je lui vouai dès-lors une amitié sincère;
Je quittai mon pays, j'abandonnai mon père,
Sur moi, par ce départ, j'attirai son courroux,
Et pour tout dire, enfin, je m'éloignai de vous.

ANTIGONE.

Je m'en souviens, Hémon, et je vous fais justice;
C'est moi que vous serviez en servant Polynice:
Il m'était cher alors, comme il l'est aujourd'hui,
Et je prenais pour moi ce qu'on faisait pour lui.

B 3

Nous nous aimions tous deux dès la plus tendre enfance,
Et j'avais sur son cœur une entière puissance ;
Je trouvais à lui plaire une extrême douceur,
Et les chagrins du frère étaient ceux de la sœur.
Ah ! si j'avais encor sur lui le même empire,
Il aimerait la paix, pour qui mon cœur soupire ;
Notre commun malheur en serait adouci,
Je le verrais, Hémon, vous me verriez aussi.

HÉMON.

De cette affreuse guerre il abhorre l'image.
Je l'ai vu soupirer de douleur et de rage,
Lorsque pour remonter au trône paternel,
On le força de prendre un chemin si cruel.
Espérons que le ciel touché de nos misères,
Achèvera bientôt de réunir les frères ;
Puisse-t-il rétablir l'amitié dans leur cœur,
Et conserver l'amour dans celui de la sœur.

ANTIGONE.

Hélas ne doutez point que ce dernier ouvrage,
Ne lui soit plus aisé que de calmer leur rage :
Je les connais tous deux, et je repondrais bien
Que leur cœur, cher Hémon, est plus dur que le mien.
Mais les dieux quelquefois font de plus grands miracles.

SCENE II.

ANTIGONE, HÉMON, OLYMPE.

ANTIGONE

Hé bien ? apprendrons-nous ce qu'ont dit les oracles,
Que faut-il faire ?

OLYMPE.

Hélas !

ANTIGONE.

Quoi, qu'en a-t-on appris ?
Est-ce la guerre, Olympe ?

TRAGÉDIE.

OLYMPE.
Ah, c'est encore pis !
HÉMON.
Quel est donc ce grand mal que leur courroux an-
nonce ?
OLYMPE.
Prince, pour en juger, écoutez leur reponse :
» Thébains, pour n'avoir plus de guerres,
» Il faut par un ordre fatal,
» Que le dernier du sang royal
» Par son trépas ensanglante vos terres.
ANTIGONE.
O dieux que vous a fait ce sang infortuné?
Et pourquoi tout entier l'avez-vous condamné?
N'êtes-vous pas contens de la mort de mon père?
Tout notre sang doit-il sentir votre colère?
HÉMON.
Madame, cet arrêt ne vous regarde pas;
Votre vertu vous met à couvert du trépas :
Les dieux savent trop bien connaître l'innocence.
ANTIGONE.
Hé! ce n'est pas pour moi que je crains leur ven-
geance.
Mon innocence, Hémon, serait un faible appui:
Fille d'Œdipe, il faut que je meure pour lui.
Je l'attends, cette mort, et je l'attends sans plainte;
Et, s'il faut avouer le sujet de ma crainte,
C'est pour vous que je crains; oui, cher Hémon,
pour vous.
De ce sang malheureux vous sortez comme nous;
Et je ne vois que trop que le courroux céleste
Vous rendra comme à nous cet honneur bien funeste
Et fera regretter aux princes des Thébains,
De n'être pas sortis des derniers des humains.
HÉMON.
Peut-on se repentir d'un si grand avantage ?
Un si noble trépas flatte trop mon courage;
Et du sang de ses rois il est bon d'être issu,
Dût-on rendre ce sang sitôt qu'on l'a reçu.

ANTIGONE.
Hé quoi! si parmi nous on a fait quelque offense,
Le ciel doit-il sur vous en prendre la vengeance?
Et n'est-ce pas assez du père et des enfans,
Sans qu'il aille plus loin chercher des innocens?
C'est à nous à payer pour les crimes des nôtres.
Punissez-nous, grands dieux; mais épargnez les autres.
Mon père, cher Hémon, vous va perdre aujourd'hui,
Et je vous perds peut-être encore plus que lui:
Le ciel punit sur vous et sur votre famille,
Et les crimes du père, et l'amour de la fille;
Et ce funeste amour vous nuit encore plus
Que les crimes d'Œdipe et le sang de Laïus.

HÉMON.
Quoi! mon amour, madame? et qu'a-t-il de funeste?
Est-ce un crime qu'aimer une beauté céleste?
Et puisque sans colère il est reçu de vous,
En quoi peut-il du ciel mériter le courroux?
Vous seule en mes soupirs êtes intéressée,
C'est à vous à juger s'ils vous ont offensée:
Tels que seront pour eux vos arrêts tout-puissans,
Ils seront criminels ou seront innocens.
Que le ciel à son gré de ma perte dispose,
J'en chérirai toujours et l'une et l'autre cause,
Glorieux de mourir pour le sang de mes rois,
Et plus heureux encor de mourir sous vos lois.
Aussi-bien que ferais-je en ce commun naufrage?
Pourrais-je me résoudre à vivre davantage?
En vain les dieux voudraient différer mon trépas,
Mon désespoir serait ce qu'ils ne feraient pas.
Mais peut-être, après tout, notre frayeur est vaine;
Attendons...Mais voici Polynice et la reine.

SCÈNE III.

JOCASTE, POLYNICE, ANTIGONE, HÉMON.

POLYNICE.

Madame, au nom des dieux, cessez de m'arrêter ;
Je vois bien que la paix ne peut s'exécuter.
J'espérais que du ciel la justice infinie
Voudrait se déclarer contre la tyrannie,
Et que, lassé de voir répandre tant de sang,
Il rendrait à chacun son légitime rang :
Mais puisqu'ouvertement il tient pour l'injustice,
Et que des criminels il se rend le complice,
Dois-je encore espérer qu'un peuple révolté,
Quand le ciel est injuste, écoute l'équité ?
Dois-je prendre pour juge une troupe insolente,
D'un fier usurpateur ministre violente,
Qui sert mon ennemi par un lâche intérêt,
Et qu'il anime encor tout éloigné qu'il est ?
La raison n'agit point sur une populace.
De ce peuple déjà j'ai ressenti l'audace ;
Et loin de me reprendre après m'avoir chassé,
Il croit voir un tyran dans un prince offensé.
Comme sur lui l'honneur n'eut jamais de puissance,
Il croit que tout le monde aspire à la vengeance :
De ses inimitiés rien n'arrête le cours ;
Quand il hait une fois, il veut haïr toujours.

JOCASTE.

Mais s'il est vrai, mon fils, que ce peuple vous craigne,
Et que tous les Thébains redoutent votre règne,
Pourquoi par tant de sang cherchez-vous à régner
Sur ce peuple endurci que rien ne peut gagner ?

POLYNICE.

Est-ce au peuple, madame, à se choisir un maître ?
Sitôt qu'il hait un roi, doit-on cesser de l'être ?
Sa haine ou son amour, sont-ce les premiers droits

Qui font monter au trône ou descendre les rois?
Que le peuple à son gré nous craigne ou nous chérisse,
Le sang nous met au trône et non pas son caprice;
Ce que le sang lui donne, il le doit accepter,
Et s'il n'aime son prince, il le doit respecter.

JOCASTE.

Vous serez un tyran haï de vos provinces.

POLYNICE.

Ce nom ne convient pas aux légitimes princes,
De ce titre odieux mes droits me sont garans:
La haine des sujets ne fait pas les tyrans.
Appelez de ce nom Étéocle lui-même.

JOCASTE.

Il est aimé de tous.

POLYNICE.

C'est un tyran qu'on aime,
Qui par cent lâchetés tâche à se maintenir
Au rang où par la force il a su parvenir;
Et son orgueil le rend, par un effet contraire,
Esclave de son peuple et tyran de son frère.
Pour commander tout seul il veut bien obéir,
Et se fait mépriser pour me faire haïr.
Ce n'est pas sans sujet qu'on me préfère un traître;
Le peuple aime un esclave et craint d'avoir un maître.
Mais je croirais trahir la majesté des rois,
Si je faisais le peuple arbitre de mes droits.

JOCASTE.

Ainsi donc la discorde a pour vous tant de charmes?
Vous vous lassez déjà d'avoir posé les armes?
Ne cesserons-nous point, après tant de malheurs,
Vous de verser du sang, moi de verser des pleurs?
N'accorderez-vous rien aux larmes d'une mère?
Ma fille, s'il se peut, retenez votre frère:
Le cruel pour vous seule avait de l'amitié.

ANTIGONE.

Ah! si pour vous son ame est sourde à la pitié,
Que pourrais-je espérer d'une amitié passée,
Qu'un long éloignement n'a que trop effacée?

A peine en sa mémoire ai-je encor quelque rang :
Il n'aime, il ne se plait qu'à répandre du sang.
Ne cherchez plus en lui ce prince magnanime,
Ce prince qui montrait tant d'horreur pour le crime,
Dont l'ame généreuse avait tant de douceur,
Qui respectait sa mère et chérissait sa sœur :
La nature pour lui n'est plus qu'une chimère ;
Il méconnait sa sœur, il méprise sa mère,
Et l'ingrat, en l'état où son orgueil l'a mis,
Nous croit des étrangers ou bien des ennemis.

POLYNICE.

N'imputez point ce crime à mon âme affligée ;
Dites plutôt, ma sœur, que vous êtes changée ;
Dites que de mon rang l'injuste usurpateur
M'a su ravir encor l'amitié de ma sœur.
Je vous connais toujours, et suis toujours le même.

ANTIGONE.

Est-ce m'aimer, cruel, autant que je vous aime,
Que d'être inexorable à mes tristes soupirs,
Et m'exposer encore à tant de déplaisirs ?

POLYNICE.

Mais vous-même, ma sœur, est-ce aimer votre frère
Que de lui faire ainsi cette injuste prière,
Et me vouloir ravir le sceptre de la main ?
Dieux ! qu'est-ce qu'Étéocle a de plus inhumain ?
C'est trop favoriser un tyran qui m'outrage.

ANTIGONE.

Non, non, vos intérêts me touchent davantage :
Ne croyez pas mes pleurs perfides à ce point,
Avec vos ennemis ils ne conspirent point.
Cette paix que je veux me serait un supplice
S'il devait en coûter le sceptre à Polynice ;
Et l'unique faveur, mon frère, où je prétends,
C'est qu'il me soit permis de vous voir plus long-temps.
Seulement quelques jours souffrez que l'on vous voie,
Et donnez-nous le temps de chercher quelque voie
Qui puisse vous remettre au rang de vos aïeux
Sans que vous répandiez un sang si précieux.
Pouvez-vous refuser cette grâce légère

Aux larmes d'une sœur, aux soupirs d'une mère?
JOCASTE.
Mais quelle crainte encor vous peut inquiéter ?
Pourquoi si promptement voulez-vous nous quitter?
Quoi! ce jour tout entier n'est-il pas de la trève?
Dès qu'elle a commencé faut-il qu'elle s'achève?
Vous voyez qu'Étéocle a mis les armes bas :
Il veut que je vous voie et vous ne voulez pas.
ANTIGONE.
Oui, mon frère, il n'est pas comme vous inflexible,
Aux larmes de sa mère il a paru sensible ;
Nos pleurs ont désarmé sa colère aujourd'hui :
Vous l'appelez cruel, vous l'êtes plus que lui.
HÉMON.
Seigneur, rien ne vous presse, et vous pouvez sans peine
Laisser agir encor la princesse et la reine.
Accordez tout ce jour à leur pressant désir ;
Voyons si leur dessein ne pourra réussir.
Ne donnez pas la joie au prince votre frère
De dire que, sans vous, la paix se pouvait faire.
Vous aurez satisfait une mère, une sœur,
Et vous aurez sur-tout satisfait votre honneur.
Mais que veut ce soldat? son ame est toute émue.

SCÈNE VI.

JOCASTE, POLYNICE, ANTIGONE, HÉMON, UN SOLDAT.

LE SOLDAT à *Polynice*.

Seigneur, on est aux mains, et la trève est rompue ;
Créon et les Thébains, par ordre de leur roi,
Attaquent votre armée et violent leur foi.
Le brave Hippomédon s'efforce en votre absence,
De soutenir leur choc de toute sa puissance.
Par son ordre, seigneur, je vous viens avertir.
POLYNICE.
Ah les traîtres! Allons, Hémon, il faut sortir.
Madame,

TRAGÉDIE.

(*à la reine*).
Madame, vous voyez comme il tient sa parole.
Mais il veut le combat, il m'attaque, et j'y vole.

JOCASTE.

Polynice! mon fils!... Mais il ne m'entend plus;
Aussi-bien que mes pleurs mes cris sont superflus.
Chère Antigone, allez, courez à ce barbare;
Du moins allez prier Hémon qui les sépare.
La force m'abandonne, et je n'y puis courir,
Tout ce que je puis faire, hélas! c'est de mourir.

Fin du deuxième Acte.

ACTE III.

SCÈNE PREMIÈRE.
JOCASTE, OLYMPE.

JOCASTE.

Olympe, va-t-en voir ce funeste spectacle ;
Va voir si leur fureur n'a point trouvé d'obstacle,
Si rien n'a pu toucher l'un ou l'autre parti.
On dit qu'à ce dessein Ménécée est sorti.

OLYMPE.

Je ne sais quel dessein animait son courage ;
Une héroïque ardeur brillait sur son visage.
Mais vous devez, madame, espérer jusqu'au bout.

JOCASTE.

Va tout voir, chère Olympe, et me vient dire tout ;
Éclaircis promptement ma triste inquiétude.

OLYMPE.

Mais vous dois-je laisser en cette solitude ?

JOCASTE.

Va : je veux être seule en l'état où je suis ;
Si toutefois on peut l'être avec tant d'ennuis !

SCÈNE II.

JOCASTE.

Dureront-ils toujours ces ennuis si funestes ?
N'épuiseront-ils point les vengeances célestes ?
Me feront-ils souffrir tant de cruels trépas,
Sans jamais au tombeau précipiter mes pas ?
O ciel, que tes rigueurs seraient peu redoutables,
Si la foudre d'abord accablait les coupables !
Et que tes châtimens paraissent infinis,
Quand tu laisses la vie à ceux que tu punis ?
Tu ne l'ignores pas, depuis le jour infâme

Où de mon propre fils je me trouvai la femme,
Le moindre des tourmens que mon cœur a soufferts
Égale tous les maux que l'on souffre aux enfers.
Et toutefois, ô dieux, un crime involontaire
Devait-il attirer toute votre colère ?
Le connaissais-je, hélas ! ce fils infortuné ?
Vous-mêmes dans mes bras vous l'avez amené.
C'est vous dont la rigueur m'ouvrit ce précipice.
Voilà de ces grands dieux la suprême justice !
Jusques aux bords du crime ils conduisent nos pas,
Ils nous le font commettre et ne l'excusent pas.
Prennent-ils donc plaisir à faire des coupables,
Afin d'en faire après d'illustres misérables ?
Et ne peuvent-ils point, quand ils sont en courroux,
Chercher des criminels à qui le crime est doux ?

SCENE III.

JOCASTE, ANTIGONE.

JOCASTE.

Hé bien ! en est-ce fait ? l'un ou l'autre perfide
Vient-il d'exécuter son noble parricide ?
Parlez, parlez, ma fille.

ANTIGONE.

Ah, madame, en effet
L'oracle est accompli, le ciel est satisfait.

JOCASTE.

Quoi ! mes deux fils sont morts ?

ANTIGONE.

Un autre sang, madame,
Rends la paix à l'état et le calme à votre ame;
Un sang digne des rois dont il est découlé,
Un héros pour l'état s'est lui-même immolé.
Je courais pour fléchir Hémon et Polynice:
Ils étaient déjà loin avant que je sortisse;
Ils ne m'entendaient plus, et mes cris douloureux
Vainement par leur nom les rappelaient tous deux.
Ils ont tous deux volé vers le champ de bataille,
Et moi je suis montée au haut de nos murailles,

D'où le peuple étonné regardait, comme moi,
L'approche d'un combat qui le glaçait d'effroi.
A cet instant fatal le dernier de nos princes,
L'honneur de notre sang, l'espoir de nos provinces,
Ménécée, en un mot, digne frère d'Hémon,
Et trop indigne aussi d'être fils de Créon,
De l'amour du pays montrant son ame atteinte,
Au milieu des deux camps s'est avancé sans crainte,
Et se faisant ouïr des Grecs et des Thébains:
« Arrêtez, a-t-il dit, arrêtez, inhumains »!
Ces mots impérieux n'ont point trouvé d'obstacle.
Les soldats étonnés de ce nouveau spectacle,
De leur noire fureur ont suspendu le cours ;
Et ce prince aussitôt poursuivant son discours :
» Apprenez, a-t-il dit, l'arrêt des destinées
» Par qui vous allez voir vos misères bornées.
» Je suis le dernier sang de vos rois descendu,
» Qui par l'ordre des dieux doit être répandu.
» Recevez donc ce sang que ma main va répandre,
» Et recevez la paix où vous n'osiez prétendre ».
Il se tait et se frappe en achevant ces mots :
Et les Thébains voyant expirer ce héros,
Comme si leur salut devenait leur supplice,
Regardent en tremblant ce noble sacrifice.
J'ai vu le triste Hémon abandonner son rang
Pour venir embrasser ce frère tout en sang :
Créon, à son exemple, a jeté bas les armes,
Et vers ce fils mourant est venu tout en larmes :
Et l'un et l'autre camp les voyant retirés,
Ont quitté le combat et se sont séparés.
Et moi le cœur tremblant et l'ame toute émue,
D'un si funeste objet j'ai détourné la vue,
De ce prince admirant l'héroïque fureur.

JOCASTE.
Comme vous je l'admire et j'en frémis d'horreur.
Est-il possible, ô dieux, qu'après ce grand miracle,
Le repos des Thébains trouve encor quelque obstacle?
Cet illustre trépas ne peut-il vous calmer ,
Puisque même mes fils s'en laissent désarmer ?

La refuserez-vous cette noble victime ?
Si la vertu vous touche autant que fait le crime,
Si vous donnez les prix comme vous punissez,
Quels crimes par ce sang ne seront effacés ?
ANTIGONE.
Oui, oui, cette vertu sera récompensée ;
Les dieux sont trop payés du sang de Ménécée,
Et le sang d'un héros, auprès des immortels,
Vaut seul plus que celui de mille criminels.
JOCASTE.
Connaissez mieux du ciel la vengeance fatale,
Toujours à ma douleur il met quelque intervalle :
Mais, hélas ! quand sa main semble me secourir,
C'est alors qu'il s'apprête à me faire périr.
Il a mis cette nuit quelque fin à mes larmes,
Afin qu'à mon réveil je visse tout en armes.
S'il me flatte aussitôt de quelque espoir de paix,
Un oracle cruel me l'ôte pour jamais.
Il m'amène mon fils, il veut que je le voie,
Mais, hélas ! combien cher me vend-il cette joie !
Ce fils est insensible et ne m'écoute pas ;
Et soudain il me l'ôte et l'engage aux combats.
Ainsi toujours cruel et toujours en colère,
Il feint de s'apaiser, et devient plus sévère ;
Il n'interrompt ses coups que pour les redoubler,
Et retire son bras pour me mieux accabler.
ANTIGONE.
Madame, espérons tout de ce dernier miracle.
JOCASTE.
La haine de mes fils est un trop grand obstacle.
Polynice endurci n'écoute que ses droits :
Du peuple et de Créon l'autre écoute la voix ;
Oui, du lâche Créon. Cette ame intéressée
Nous ravit tout le fruit du sang de Ménécée :
En vain pour nous sauver ce grand prince se perd,
Le père nous nuit plus que le fils ne nous sert.
De deux jeunes héros cet infielle père....
ANTIGONE.
Ah ! le voici, madame, avec le roi mon frère.

SCÈNE IV.

JOCASTE, ÉTÉOCLE, ANTIGONE, CRÉON.

JOCASTE.

Mon fils, c'est donc ainsi que l'on garde sa foi ?

ÉTÉOCLE.

Madame, ce combat n'est point venu de moi,
Mais de quelques soldats tant d'Argos que des nôtres,
Qui s'étant querellés les uns avec les autres,
Ont insensiblement tout le corps ébranlé,
Et fait un grand combat d'un simple démêlé.
La bataille sans doute allait être cruelle,
Et son évènement vidait notre querelle,
Quand du fils de Créon l'héroïque trépas
De tous les combattans a retenu le bras.
Ce prince, le dernier de la race royale,
S'est appliqué des dieux la réponse fatale,
Et lui-même à la mort il s'est précipité,
De l'amour du pays noblement transporté.

JOCASTE.

Ah! si le seul amour qu'il eut pour sa patrie
Le rendit insensible aux douceurs de la vie,
Mon fils, ce même amour ne peut-il seulement
De votre ambition vaincre l'emportement ?
Un exemple si beau vous invite à le suivre :
Il ne faudra cesser de règner ni de vivre :
Vous pouvez, en cédant un peu de votre rang,
Faire plus qu'il n'a fait en versant tout son sang ;
Il ne faut que cesser de haïr votre frère,
Vous ferez beaucoup plus que sa mort n'a su faire.
O dieux ! aimer un frère est-ce un plus grand effort
Que de haïr la vie et courir à la mort ?
Et doit-il être enfin plus facile à un autre
De répandre son sang qu'en vous d'aimer le vôtre ?

ÉTÉOCLE.

Son illustre vertu me charme comme vous,

TRAGÉDIE.

Et d'un si beau trépas je suis même jaloux.
Et toutefois, madame, il faut que je vous die
Qu'un trône est plus pénible à quitter que la vie :
La gloire bien souvent nous porte à la haïr,
Mais peu de souverains font gloire d'obéir.
Les dieux voulaient son sang, et ce prince, sans crime,
Ne pouvait à l'état refuser sa victime.
Mais ce même pays, qui demandait son sang,
Demande que je règne et m'attache à mon rang.
Jusqu'à ce qu'il m'en ôte il faut que j'y demeure :
Il n'a qu'à prononcer, j'obéirai sur l'heure,
Et Thèbes me verra, pour apaiser son sort,
Et descendre du trône, et courir à la mort.

CRÉON.

Ah! Ménécée est mort, le ciel n'en veut point d'autre :
Laissez couler son sang sans y mêler le vôtre ;
Et puisqu'il l'a versé pour nous donner la paix,
Accordez-la, Seigneur, à nos justes souhaits.

ÉTÉOCLE.

Hé quoi! même Créon pour la paix se déclare?

CREON.

Pour avoir trop aimé cette guerre barbare,
Vous voyez les malheurs où le ciel m'a plongé,
Mon fils est mort, seigneur.

ETEOCLE.
                  Il faut qu'il soit vengé.

CREON.

Sur qui me vengerais-je en ce malheur extrême?

ETEOCLE.

Vos ennemis, Créon, sont ceux de Thèbes même :
Vengez-la, vengez-vous.

CRÉON.
                Ah! dans ses ennemis
Je trouve votre frère, et je trouve mon fils :
Dois-je verser mon sang, ou répandre le vôtre?
Et dois-je perdre un fils pour en venger un autre?
Seigneur, mon sang m'est cher, le vôtre m'est sacré ;

Serai-je sacrilège, ou bien dénaturé ?
Souillerai-je ma main d'un sang que je révère ?
Serai-je parricide afin d'être bon père ?
Un si cruel secours ne me peut soulager,
Et ce serait me perdre au lieu de me venger.
Tout le soulagement où ma douleur aspire,
C'est qu'au moins mes malheurs servent à votre empire.
Je me consolerai, si ce fils que je plains
Assure par sa mort le repos des Thébains.
Le ciel promet la paix au sang de Ménécée ;
Achevez-la, seigneur, mon fils l'a commencée :
Accordez-lui ce prix qu'il en a prétendu,
Et que son sang envain ne soit pas répandu.

JOCASTE.
Non, puisqu'à nos malheurs vous devenez sensible,
Au sang de Ménécée il n'est rien d'impossible.
Que Thèbes se rassure après ce grand effort ;
Puisqu'il change votre ame il changera son sort.
La paix dès ce moment n'est plus désespérée :
Puisque Créon la veut, je la tiens assurée.
Bientôt ces cœurs de fer se verront adoucis :
Le vainqueur de Créon peut bien vaincre mes fils.
(à Étéocle).
Qu'un si grand changement vous désarme et vous touche :
Quittez, mon fils, quittez cette haine farouche ;
Soulagez une mère et consolez Créon ;
Rendez-moi Polynice, et lui rendez Hémon.

ETEOCLE.
Mais enfin c'est vouloir que je m'impose un maître.
Vous ne l'ignorez pas, Polynice veut l'être ;
Il demande sur-tout le pouvoir souverain,
Et ne veut revenir que le sceptre à la main.

SCENE V.

JOCASTE, ÉTÉOCLE, ANTIGONE, CRÉON, ATTALE.

ATTALE, *à Étéocle*.

Polynice, seigneur, demande une entrevue ;
C'est ce que d'un héraut nous apprend la venue ;
Il vous offre seigneur, ou de venir ici,
Ou d'attendre en son camp.

CREON.

Peut-être qu'adouci,
Il songe à terminer une guerre si lente :
Et son ambition n'est plus si violente :
Par ce dernier combat il apprend aujourd'hui
Que vous êtes au moins aussi puissant que lui.
Les Grecs même sont las de servir sa colère ;
Et j'ai su depuis peu que le roi son beau-père,
Préférant à la guerre un solide repos,
Se réserve Mycène, et le fait roi d'Argos.
Tout courageux qu'il est, sans doute il ne souhaite
Que de faire en effet une honnête retraite.
Puisqu'il s'offre à vous voir, croyez qu'il veut la paix.
Ce jour doit la conclure, ou la rompre à jamais.
Tâchez dans ce dessein de l'affermir vous-même,
Et lui promettez tout hormis le diadème.

ETEOCLE.

Hormis le diadème il ne demande rien.

JOCASTE.

Mais voyez-le du moins

CREON.

Oui, puisqu'il le veut bien :
Vous ferez plus tout seul que nous ne saurions faire,
Et le sang reprendra son empire ordinaire.

ETEOCLE.

Allons donc le chercher.

JOCASTE.

Mon fils, au nom des dieux,

Attendez-le plutôt, voyez-le dans ces lieux.
ETEOCLE.
Hé bien, madame, hé bien, qu'il vienne, et qu'on
    lui donne
Toutes les sûretés qu'il faut pour sa personne.
Allons.
ANTIGONE.
Ah! si ce jour rend la paix aux Thébains,
Elle sera, Créon, l'ouvrage de vos mains.

SCENE VI.
CRÉON, ATTALE.

CREON.
L'intérêt des Thébains n'est pas ce qui vous touche,
Dédaigneuse princesse, et cette ame farouche,
Qui semble me flatter après tant de mépris,
Songe moins à la paix qu'au retour de mon fils.
Mais nous verrons bientôt si la fière Antigone
Aussi bien que mon cœur dédaignera le trône;
Nous verrons, quand les dieux m'auront fait votre roi,
Si ce fils bienheureux l'emportera sur moi.
ATTALE.
Eh! qui n'admirerait un changement si rare?
Créon même, Créon, pour la paix se déclare!
CREON.
Tu crois donc que la paix est l'objet de mes soins?
ATTALE.
Oui, je le crois seigneur, quand j'y pensais le moins,
Et voyant qu'en effet ce beau soin vous anime,
J'admire à tout moment cet effort magnanime
Qui vous fait mettre enfin votre haine au tombeau.
Ménécée en mourant n'a rien fait de plus beau.
Et qui peut immoler sa haine à sa patrie,
Lui pourrait bien aussi sacrifier sa vie.
CREON.
Ah! sans doute qui peut d'un généreux effort,

Aimer son ennemi, peut bien aimer la mort.
Quoi ! je négligerais le soin de ma vengeance,
Et de mon ennemi je prendrais la défense ?
De la mort de mon fils Polynice est l'auteur,
Et moi je deviendrais son lâche protecteur ?
Quand je renoncerais à cette haine extrême,
Pourrais-je bien cesser d'aimer le diadème ?
Non, non, tu me verras d'une constante ardeur
Haïr mes ennemis, et chérir ma grandeur.
Le trône fit toujours mes ardeurs les plus chères :
Je rougis d'obéir où régnèrent mes pères ;
Je brûle de me voir au rang de mes aïeux,
Et je l'envisageai dès que j'ouvris les yeux.
Sur-tout depuis deux ans ce noble soin m'inspire,
Je ne fais point de pas qui ne tende à l'empire :
Des princes mes neveux j'entretiens la fureur,
Et mon ambition autorise la leur.
D'Étéocle d'abord j'appuyai l'injustice ;
Je lui fis refuser le trône à Polynice.
Tu sais que je pensai dès-lors à m'y placer,
Et je l'y mis, Attale, afin de l'en chasser.

ATTALE.

Mais, seigneur, si la guerre eut pour vous tant de charmes,
D'où vient que de leurs mains vous arrachez les armes ?
Et puisque leur discorde est l'objet de vos vœux,
Pourquoi, par vos conseils, vont-ils se voir tous deux ?

CRÉON.

Plus qu'à mes ennemis la guerre m'est mortelle,
Et le courroux du ciel me la rend trop cruelle :
Il s'arme contre moi de mon propre dessein ;
Il se sert de mon bras pour me percer le sein.
La guerre s'allumait, lorsque pour mon supplice,
Hémon m'abandonna pour servir Polynice :
Les deux frères par moi devinrent ennemis ;
Et je devins, Attale, ennemi de mon fils.
Enfin, ce même jour je fais rompre la trève,
J'excite le soldat, tout le camp se soulève,

On se bat, et voilà qu'un fils désespéré
Meurt, et rompt un combat que j'ai tant préparé.
Mais il me reste un fils, et je sens que je l'aime ;
Tout rebelle qu'il est, et tout mon rival même :
Sans le perdre je veux perdre mes ennemis.
Il m'en coûterait trop, s'il m'en coûtait deux fils.
Des deux princes, d'ailleurs, la haine est trop puissante ;
Ne crois pas qu'à la paix jamais elle consente.
Moi-même je saurai si bien l'envenimer,
Qu'ils périront tous deux plutôt que de s'aimer.
Les autres ennemis n'ont que de courtes haines ;
Mais quand de la nature on a brisé les chaînes,
Cher Attale, il n'est rien qui puisse réunir
Ceux que des nœuds si forts n'ont pas su retenir ;
L'on hait avec excès, lorsque l'on hait un frère,
Mais leur éloignement ralentit leur colère :
Quelque haine qu'on ait contre un fier ennemi,
Quand il est loin de nous on la perd à demi.
Ne t'étonne donc plus si je veux qu'ils se voient ;
Je veux qu'en se voyant leurs fureurs se déploient,
Que rappelant leur haine au lieu de la chasser,
Ils s'étouffent, Attale, en voulant s'embrasser.

ATTALE.

Vous n'avez plus, seigneur, à craindre que vous-
même ;
On porte ses remords avec le diadème.

CREON.

Quand on est sur le trône on a bien d'autres soins ;
Et les remords sont ceux qui nous pèsent le moins.
Du plaisir de régner une ame possédée,
De tout le temps passé détourne son idée ;
Et de tout autre objet un esprit éloigné
Croit n'avoir point vécu tant qu'il n'a point régné.
Mais allons. Le remords n'est pas ce qui me touche,
Et je n'ai pas un cœur que le crime effarouche ;
Tous les premiers forfaits coûtent quelques efforts ;
Mais, Attale, on commet les seconds sans remords.

Fin du troisième acte.

ACTE IV.

SCÈNE PREMIÈRE.

ETEOCLE, CREON.

ETEOCLE.

Oui, Créon, c'est ici qu'il doit bientôt se rendre;
Et tous deux en ces lieux nous le pouvons attendre.
Nous verrons ce qu'il veut, mais je repondrais rien
Que par cette entrevue on n'avancera rien.
Je connais Polynice et son humeur altière;
Je sais bien que sa haine est encor toute entière;
Je ne crois pas qu'on puisse en arrêter le cours;
Et pour moi je sens bien que je le hais toujours.

CREON.

Mais s'il vous cède enfin la grandeur souveraine,
Vous devez, ce me semble, apaiser votre haine.

ETEOCLE.

Je ne sais si mon cœur s'apaisera jamais:
Ce n'est pas son orgueil, c'est lui seul que je hais.
Nous avons l'un et l'autre une haine obstinée:
Elle n'est pas, Créon, l'ouvrage d'une année;
Elle est née avec nous, et sa noire fureur,
Aussitôt que la vie entra dans notre cœur.
Nous étions ennemis dès la plus tendre enfance;
Que dis-je, nous l'étions avant notre naissance:
Triste et fatal effet d'un sang incestueux !
Pendant qu'un même sein nous renfermait tous deux;
Dans les flancs de ma mère une guerre intestine
De nos divisions lui marqua l'origine.
Elles ont, tu le sais, paru dans le berceau,
Et nous suivront peut-être encor dans le tombeau.
On dirait que le ciel, par un arrêt funeste,
Voulut de nos parens punir ainsi l'inceste;

Et que dans notre sang il voulut mettre au jour
Tout ce qu'ont de plus noir et la haine et l'amour.
Et maintenant, Créon, que j'attends sa venue,
Ne crois pas que pour lui ma haine diminue :
Plus il approche, et plus il me semble odieux,
Et sans doute il faudra qu'elle éclate à ses yeux.
J'aurais même regret qu'il me quittât l'empire :
Il faut, il faut qu'il fuie et non qu'il se retire :
Je ne veux point, Créon, le haïr à moitié,
Et je crains son courroux moins que son amitié.
Je veux, pour donner cours à mon ardente haine,
Que sa fureur au moins autorise la mienne ;
Et puisqu'enfin mon cœur ne saurait se trahir,
Je veux qu'il me déteste afin de le haïr.
Tu verras que sa rage est encore la même,
Et que toujours son cœur aspire au diadème ;
Qu'il m'abhorre toujours et veut toujours régner ;
Et qu'on peut bien le vaincre, et non pas le gagner.

CRÉON.

Domptez-le donc, seigneur, s'il demeure inflexible :
Quelque fier qu'il puisse être, il n'est pas invincible,
Et puisque la raison ne peut rien sur son cœur,
Éprouvez ce que peut un bras toujours vainqueur.
Oui, quoique dans la paix je trouvasse des charmes,
Je serais le premier à reprendre les armes ;
Et si je demandais qu'on en rompît le cours,
Je demande encor plus que vous régniez toujours.
Que la guerre s'enflamme et jamais ne finisse,
S'il faut avec la paix recevoir Polynice.
Qu'on ne nous vienne plus vanter un bien si doux,
La guerre et ses horreurs nous plaisent avec vous.
Tout le peuple Thébain vous parle par ma bouche ;
Ne le soumettez pas à ce prince farouche :
Si la paix se peut faire, il la veut comme moi ;
Sur-tout, si vous l'aimez, conservez-lui son roi.
Cependant écoutez le prince votre frère,
Et s'il se peut, seigneur, cachez votre colère ;
Feignez... Mais quelqu'un vient.

SCÈNE II.

ETEOCLE, CREON, ATTALE.

ETEOCLE.
Sont-ils bien près d'ici?
Vont-ils venir, Attale?
ATTALE.
Oui, seigneur, les voici.
Ils ont trouvé d'abord la princesse et la reine,
Et bientôt ils seront dans la chambre prochaine.
ETEOCLE.
Qu'ils entrent. Cette approche excite mon courroux.
Qu'on hait un ennemi quand il est près de nous!
CREON.
Ah! le voici. (*à part.*) Fortune achève mon ouvrage,
Et livre-les tous deux aux transports de leur rage!

SCÈNE III.

JOCASTE, ETEOCLE, POLYNICE, ANTIGONE, HEMON, CREON.

JOCASTE.
Me voici donc tantôt au comble de nos vœux,
Puisque déjà le ciel vous rassemble tous deux.
Vous revoyez un frère après deux ans d'absence,
Dans ce même palais où vous prîtes naissance:
Et moi, par un bonheur où je n'osais penser,
L'un et l'autre à la fois je vous puis embrasser.
Commencez donc, mes fils, cette union si chère,
Et que chacun de vous reconnaisse son frère:
Tous deux dans votre frère envisagez vos traits,
Mais pour en mieux juger, voyez-les de plus près.
Sur-tout que le sang parle et fasse son office.
Approchez, Etéocle, avancez, Polynice...
Hé quoi! loin d'approcher, vous reculez tous deux!

D'où vient ce sombre accueil et ces regards fâcheux?
N'est-ce point que chacun d'une ame irrésolue,
Pour saluer son frère attend qu'il le salue;
Et qu'affectant l'honneur de céder le dernier,
L'un ni l'autre ne veut s'embrasser le premier?
Étrange ambition qui n'aspire qu'au crime,
Où le plus furieux passe pour magnanime!
Le vainqueur doit rougir en ce combat honteux,
Et les premiers vaincus sont les plus généreux.
Voyons donc qui des deux aura plus de courage,
Qui voudra le premier triompher de sa rage....
Quoi! vous n'en faites rien! C'est à vous d'avancer,
Et venant de si loin, vous devez commencer;
Commencez, Polynice, embrassez votre frère,
Et montrez...

ETEOCLE.
Hé, madame! à quoi bon ce mystère?
Tous ces embrassemens ne sont guère à propos;
Qu'il parle, qu'il s'explique et nous laisse en repos.

POLYNICE.
Quoi! faut-il davantage expliquer mes pensées?
On les peut découvrir par les choses passées:
La guerre, les combats, tant de sang répandu,
Tout cela dit assez que le trône m'est dû.

ETEOCLE.
Et ces mêmes combats et cette même guerre,
Ce sang qui tant de fois a fait rougir la terre,
Tout cela dit assez que le trône est à moi,
Et tant que je respire il ne peut être à toi.

POLYNICE.
Tu sais qu'injustement tu remplis cette place.

ETEOCLE.
L'injustice me plaît pourvu que je t'en chasse.

POLYNICE.
Si tu n'en veux sortir tu pourras en tomber.

ETEOCLE.
Si je tombe, avec moi tu pourras succomber.

JOCASTE.
Oh dieux! que je me vois cruellement déçue!

N'avais-je tant pressé cette fatale vue,
Que pour les désunir encor plus que jamais !
Ah, mes fils, est-ce là comme on parle de paix !
Quittez, au nom des dieux, ces tragiques pensées;
Ne renouvelez point vos discordes passées;
Vous n'êtes pas ici dans un champ inhumain.
Est-ce moi qui vous met les armes à la main?
Considérez ces lieux où vous prîtes naissance;
Leur aspect sur vos cœurs n'a-t-il point de puissance?
C'est ici que tous deux vous reçûtes le jour ;
Tout ne vous parle ici que de paix et d'amour :
Ces princes, votre sœur, tout condamne vos haines:
Enfin, moi qui pour vous pris toujours tant de peines,
Qui, pour vous réunir, immolerais.... Hélas !
Ils détournent la tête et ne m'écoutent pas !
Tous deux pour s'attendrir ils ont l'ame trop dure ;
Ils ne connaissent plus la voix de la nature !
  (*à Polynice.*)
Et vous que je croyais plus doux et plus soumis...
   POLYNICE.
Je ne veux rien de lui que ce qu'il m'a promis...
Il ne saurait régner sans se rendre parjure.
   JOCASTE.
Une extrême justice est souvent une injure.
Le trône vous est dû, je n'en saurais douter ;
Mais vous le renversez en voulant y monter.
Ne vous lassez-vous point de cette affreuse guerre?
Voulez-vous sans pitié désoler cette terre,
Détruire cet empire afin de le gagner?
Est-ce donc sur des morts que vous voulez régner ?
Thèbes avec raison craint le règne d'un prince
Qui de fleuves de sang inonde sa province:
Voudrait-elle obéir à votre injuste loi ?
Vous êtes son tyran avant qu'être son roi.
Dieux ! si devenant grand souvent on devient pire,
Si la vertu se perd quand on gagne l'empire,
Lorsque vous régnerez, que serez-vous, hélas!
Si vous êtes cruel quand vous ne régnez pas?

POLYNICE.

Ah! si je suis cruel, on me force de l'être ;
Et de mes actions je ne suis pas le maître.
J'ai honte des horreurs où je me vois contraint,
Et c'est injustement que le peuple me craint.
Mais il faut en effet soulager ma patrie ;
De ses gémissemens mon ame est attendrie.
Trop de sang innocent se verse tous les jours,
Il faut de ses malheurs que j'arrête le cours ;
Et sans faire gémir ni Thèbes ni la Grèce,
A l'auteur de mes maux il faut que je m'adresse :
Il suffit aujourd'hui de son sang ou du mien.

JOCASTE.

Du sang de votre frère ?

POLYNICE.

Oui, madame, du sien ;
Il faut finir ainsi cette guerre inhumaine.
Oui, cruel, et c'est là le dessein qui m'amène ;
Moi-même à ce combat j'ai voulu t'appeler ;
A tout autre qu'à toi je craignais d'en parler ;
Tout autre aurait voulu condamner ma pensée,
Et personne en ces lieux ne te l'eût annoncée.
Je te l'annonce donc. C'est à toi de prouver
Si ce que tu ravis tu le sais conserver.
Montre-toi digne enfin d'une si belle proie.

ETEOCLE.

J'accepte ton dessein et l'accepte avec joie ;
Créon sait là-dessus quel était mon désir :
J'eusse accepté le trône avec moins de plaisir.
Je te crois maintenant digne du diadème ;
Je te le vais porter au bout de ce fer même.

JOCASTE.

Hâtez-vous donc, cruels, de me percer le sein,
Et commencez par moi votre horrible dessein ;
Ne considérez point que je suis votre mère,
Considérez en moi celle de votre frère.
Si de votre ennemi vous recherchez le sang,
Recherchez-en la source en ce malheureux flanc.
Je suis de tous les deux la commune ennemie ;

Puisque votre ennemi reçut de moi la vie ;
Cet ennemi sans moi ne verrait pas le jour.
S'il meurt, ne faut-il pas que je meure à mon tour ?
N'en doutez point, sa mort me doit être commune ;
Il faut en donner deux, ou n'en donner pas une ;
Et sans être ni doux ni cruel à demi,
Il faut me perdre ou bien sauver votre ennemi.
Si la vertu vous plaît, si l'honneur vous anime,
Barbares, rougissez de commettre un tel crime ;
Ou si le crime enfin vous plait tant à chacun,
Barbares, rougissez de n'en commettre qu'un.
Aussi-bien ce n'est point que l'amour vous retienne ;
Si vous sauvez ma vie en poursuivant la sienne ;
Vous vous garderiez bien, cruels, de m'épargner,
Si je vous empêchais un moment de régner.
Polynice, est-ce ainsi que l'on traite une mère ?

POLYNICE.

J'épargne mon pays.

JOCASTE.

Et vous tuez un frère.

POLYNICE.

Je punis un méchant.

JOCASTE.

Et sa mort aujourd'hui
Vous rendra plus coupable et plus méchant que lui.

POLYNICE.

Faut-il que de ma main je couronne ce traître,
Et que de cour en cour j'aille chercher un maître ;
Qu'errant et vagabond je quitte mes états,
Pour observer des lois qu'il ne respecte pas ?
De ses propres forfaits serai-je la victime ?
Le diadème est-il le partage du crime ?
Quel droit ou quel devoir n'a-t-il pas violé ?
Et cependant il règne, et je suis exilé !

JOCASTE.

Mais si le roi d'Argos vous cède une couronne...

POLYNICE.

Dois-je chercher ailleurs ce que le sang me donne ?
En m'alliant chez lui n'aurai-je rien porté,

Et tiendrai-je mon rang de sa seule bonté?
D'un trône qui m'est dû faut-il que l'on me chasse,
Et d'un prince étranger que je brigue la place?
Non, non, sans m'abaisser à lui faire la cour,
Je veux devoir le sceptre à qui je dois le jour.

JOCASTE.

Qu'on le tienne, mon fils, d'un beau-père ou d'un père,
La main de tous les deux vous sera toujours chère.

POLYNICE.

Non, non, la différence est trop grande pour moi;
L'un me ferait esclave, et l'autre me fait roi.
Quoi! ma grandeur serait l'ouvrage d'une femme!
D'un éclat si honteux je rougirais dans l'ame.
Le trône, sans l'amour, me serait donc fermé?
Je ne régnerais pas si l'on ne m'eût aimé!
Je veux m'ouvrir le trône, ou jamais n'y paraître;
Et quand j'y monterai, j'y veux monter en maître;
Que le peuple à moi seul soit forcé d'obéir,
Et qu'il me soit permis de m'en faire haïr.
Enfin, de ma grandeur je veux être l'arbitre,
N'être point roi, madame, ou l'être à juste titre;
Que le sang me couronne; ou, s'il ne suffit pas,
Je veux à son secours n'appeler que mon bras.

JOCASTE.

Faites plus, tenez tout de votre grand'courage;
Que votre bras tout seul fasse votre partage;
Et dédaignant les pas des autres souverains,
Soyez, mon fils, soyez l'ouvrage de vos mains.
Par d'illustres exploits couronnez-vous vous-même;
Qu'un superbe laurier soit votre diadème;
Régnez et triomphez, et joignez à la fois
La gloire des héros à la pourpre des rois.
Quoi! votre ambition serait-elle bornée
A régner tour à tour l'espace d'une année?
Cherchez à ce grand cœur, que rien ne peut dompter,
Quelque trône où vous seul ayez droit de monter.
Mille sceptres nouveaux s'offrent à votre épée,

TRAGÉDIE.

Sans que d'un sang si cher nous la voyons trempée.
Vos triomphes pour moi n'auront rien que de doux,
Et votre frère même ira vaincre avec vous.

POLYNICE.
Vous voulez que mon cœur flatté de ces chimères,
Laisse un usurpateur au trône de mes pères?

JOCASTE.
Si vous lui souhaitez en effet tant de mal,
Elevez-le vous-même à ce trône fatal.
Ce trône fut toujours un dangereux abîme,
La foudre l'environne aussi-bien que le crime :
Votre père et les rois qui vous ont dévancés,
Sitôt qu'ils y montaient, s'en sont vus renversés.

POLYNICE.
Quand je devrais au ciel rencontrer le tonnerre,
J'y monterais plutôt que de ramper à terre.
Mon cœur jaloux du sort de ces grands malheureux,
Veut s'élever, madame, et tomber avec eux.

ETEOCLE.
Je saurai t'épargner une chute si vaine.

POLYNICE.
Ah! ta chute, crois-moi, précédera la mienne.

JOCASTE.
Mon fils, son règne plait.

POLYNICE.
     Mais il m'est odieux.

JOCASTE.
Il a pour lui le peuple.

POLYNICE.
    Et j'ai pour moi les dieux.

ETEOCLE.
Les dieux de ce haut rang te voulaient interdire,
Puisqu'ils m'ont élevé le premier à l'empire :
Ils ne savaient que trop, lorsqu'ils firent ce choix,
Qu'on veut régner toujours quand on règne une fois :
Jamais dessus le trône on ne vit plus d'un maître,
Il n'en peut tenir deux, quelque grand qu'il puisse être;

L'un des deux, tôt ou tard, se verrait renversé,
Et d'un autre soi-même on y serait pressé.
Jugez donc, par l'horreur que ce méchant me donne,
Si je puis avec lui partager la couronne.

POLYNICE.

Et moi je ne veux plus, tant tu m'es odieux,
Partager avec toi la lumière des cieux.

JOCASTE.

Allez donc, j'y consens, allez perdre la vie ;
A ce cruel combat tous deux je vous convie ;
Puisque tous mes efforts ne sauraient vous changer,
Que tardez-vous ? allez vous perdre et me venger.
Surpassez, s'il se peut, les crimes de vos pères ;
Montrez, en vous tuant, comme vous êtes frères.
Le plus grand des forfaits vous a donné le jour,
Il faut qu'un crime égal vous l'arrache à son tour.
Je ne condamne plus la fureur qui vous presse,
Je n'ai plus pour mon sang ni pitié ni tendresse ;
Votre exemple m'apprend à ne le plus chérir,
Et moi je vais, cruels, vous apprendre à mourir.

SCÈNE IV.

ANTIGONE, ETEOCLE, POLYNICE, HEMON, CREON.

ANTIGONE.

Madame... Oh ciel, que vois-je ! Hélas, rien ne les touche !

HEMON.

Rien ne peut ébranler leur constance farouche.

ANTIGONE.

Princes...

ÉTÉOCLE.

Pour ce combat, choisissons quelque lieu.

POLYNICE.

Courons. Adieu, ma sœur.

ETEOCLE.

Adieu, princesse, adieu.

TRAGEDIE.

ANTIGONE.

Mes frères, arrêtez! Gardes, qu'on les retienne;
Joignez, unissez tous vos douleurs à la mienne.
C'est leur être cruels que de les respecter.

HEMON.

Madame, il n'est plus rien qui les puisse arrêter.

ANTIGONE.

Ah! généreux Hémon, c'est vous seul que j'implore:
Si la vertu vous plaît, si vous m'aimez encore,
Et qu'on puisse arrêter leurs parricides mains,
Hélas! pour me sauver, sauvez ces inhumains.

Fin du quatrième Acte.

ACTE V.

SCÈNE PREMIÈRE.

ANTIGONE.

A quoi te résous-tu, princesse infortunée ?
    Ta mère vient de mourir dans tes bras ;
      Ne saurais-tu suivre ses pas,
Et finir en mourant ta triste destinée ?
A de nouveaux malheurs te veux-tu réserver ?
Tes freres sont aux mains, rien ne les peut sauver
      De leurs cruelles armes.
Leur exemple t'anime à te percer le flanc,
    Et toi seule verses des larmes,
    Tous les autres versent du sang.

Quelle est de mes malheurs l'extrémité mortelle !
    Où ma douleur doit-elle recourir ?
      Dois-je vivre ? dois-je mourir ?
Un amant me retient, une mère m'appelle,
Dans la nuit du tombeau je la vois qui m'attend ;
Ce que veut la raison, l'amour me le défend
      Et m'en ôte l'envie.
Que je vois de sujets d'abandonner le jour !
    Mais hélas ! qu'on tient à la vie,
    Quand on tient si fort à l'amour !

Oui, tu retiens, amour, mon ame fugitive ;
    Je reconnais la voix de mon vainqueur:
      L'espérance est morte en mon cœur,
Et cependant tu vis, et tu veux que je vive ;
Tu dis que mon amant me suivrait au tombeau,
Que je dois de mes jours conserver le flambeau
      Pour sauver ce que j'aime.
Hémon, vois le pouvoir que l'amour a sur moi ;

Je ne vivrais pas pour moi-même,
Et je veux bien vivre pour toi.

Si jamais tu doutas de ma flamme fidelle......
Mais voici du combat la funeste nouvelle.

SCÈNE II.
ANTIGONE, OLYMPE.

ANTIGONE.
Hé bien, ma chère Olympe, as-tu vu ce forfait ?
OLYMPE.
J'y suis courue envain, c'en était déjà fait.
Du haut de nos remparts j'ai vu descendre en larmes
Le peuple qui courait et qui criait aux armes ;
Et pour vous dire enfin d'où venait sa terreur,
Le roi n'est plus, madame, et son frère est vainqueur.
On parle aussi d'Hémon ; l'on dit que son courage
S'est efforcé long-temps de suspendre leur rage,
Mais que tous ses efforts ont été superflus.
C'est ce que j'ai compris de mille bruits confus.
ANTIGONE.
Ah ! je n'en doute pas, Hémon est magnanime ;
Son grand cœur eut toujours trop d'horreur pour le crime ;
Je l'avais conjuré d'empêcher ce forfait,
Et s'il l'avait pu faire, Olympe, il l'aurait fait.
Mais, hélas ! leur fureur ne pouvait se contraindre ;
Dans des ruisseaux de sang elle voulait s'éteindre.
Princes dénaturés, vous voilà satisfaits ;
La mort seule entre vous pouvait mettre la paix.
Le trône pour vous deux avait trop peu de place ;
Il fallait entre vous mettre un plus grand espace,
Et que le ciel vous mit, pour finir vos discords,
L'un parmi les vivans, l'autre parmi les morts.
Infortunés tous deux, dignes qu'on vous déplore,

Moins malheureux pourtant que je ne suis encore,
Puisque de tous les maux qui sont tombés sur vous,
Vous n'en sentez aucun, et que je les sens tous!

OLYMPE.

Mais pour vous ce malheur est un moindre supplice
Que si la mort vous eût enlevé Polynice;
Ce prince était l'objet qui faisait tous vos soins :
Les intérêts du roi vous touchaient beaucoup moins.

ANTIGONE.

Il est vrai, je l'aimais d'une amitié sincère;
Je l'aimais beaucoup plus que je n'aimais son frère,
Et ce qui lui donnait tant de part dans mes vœux,
Il était vertueux, Olympe, et malheureux.
Mais hélas! ce n'est plus ce cœur si magnanime,
Et c'est un criminel qu'a couronné son crime :
Son frère plus que lui commence à me toucher;
Devenant malheureux, il m'est devenu cher.

OLYMPE.

Créon vient.

ANTIGONE.

Il est triste, et j'en connois la cause;
Au courroux du vainqueur la mort du roi l'expose.
C'est de tous nos malheurs l'auteur pernicieux.

SCÈNE III.

ANTIGONE, CREON, OLYMPE, ATTALE, GARDES.

CREON.

Madame, qu'ai-je appris en entrant dans ces lieux?
Est-il vrai que la reine....

ANTIGONE.

Oui, Créon, elle est morte.

CREON.

O dieux! puis-je savoir de quelle étrange sorte
Ses jours infortunés ont éteint leur flambeau?

OLYMPE.

Elle-même, seigneur, s'est ouvert le tombeau ;
Et s'étant d'un poignard en un moment saisie,
Elle en a terminé ses malheurs et sa vie.

ANTIGONE.

Elle a su prévenir la perte de son fils.

CREON.

Ah madame ! il est vrai que les dieux ennemis....

ANTIGONE.

N'imputez qu'à vous seul la mort du roi mon frère,
Et n'en accusez point la céleste colère.
A ce combat fatal vous seul l'avez conduit :
Il a cru vos conseils, sa mort en est le fruit.
Ainsi de leurs flatteurs les rois sont les victimes ;
Vous avancez leur perte en approuvant leurs crimes :
De la chute des rois vous êtes les auteurs,
Mais les rois en tombant entraînent leurs flatteurs.
Vous le voyez, Créon, sa disgrace mortelle
Vous est funeste autant qu'elle nous est cruelle :
Le ciel, en le perdant, s'en est vengé sur vous,
Et vous avez peut-être à pleurer comme nous.

CREON.

Madame, je l'avoue, et les destins contraires
Me font pleurer deux fils, si vous pleurez deux frères.

ANTIGONE.

Mes frères et vos fils, dieux ! que veut ce discours ?
Quelqu'autre qu'Etéocle a-t-il fini ses jours ?

CREON.

Mais ne savez-vous pas cette sanglante histoire ?

ANTIGONE.

J'ai su que Polynice a gagné la victoire,
Et qu'Hémon a voulu les séparer en vain.

CREON.

Madame, ce combat est bien plus inhumain.
Vous ignorez encor mes pertes et les vôtres ;
Mais, hélas ! apprenez les unes et les autres.

LES FRÈRES ENNEMIS,

ANTIGONE.

Rigoureuse fortune, achève ton courroux.
Ah! sans doute, voici le dernier de tes coups!

CREON.

Vous avez vu, madame, avec quelle furie
Les deux princes sortaient pour s'arracher la vie;
Que d'une ardeur égale ils fuyaient de ces lieux,
Et que jamais leurs cœurs ne s'accordèrent mieux.
La soif de se baigner dans le sang de leur frère
Faisait ce que jamais le sang n'avait su faire :
Par l'excès de leur haine ils semblaient réunis,
Et prêts à s'égorger, ils paraissaient amis.
Ils ont choisi d'abord, pour leur champ de bataille,
Un lieu près des deux camps, au pied de la muraille;
C'est là que reprenant leur première fureur,
Ils commencent enfin ce combat plein d'horreur.
D'un geste menaçant, d'un œil brulant de rage,
Dans le sein l'un de l'autre ils cherchent un passage;
Et, la seule fureur précipitant leur bras,
Tous deux semblent courir au-devant du trépas.
Mon fils, qui de douleur en soupirait dans l'ame,
Et qui se souvenait de vos ordres, madame,
Se jette au milieu d'eux, et méprise pour vous,
Leurs ordres absolus qui nous arrêtaient tous.
Il leur retient le bras, les repousse, les prie,
Et pour les séparer s'expose à leur furie :
Mais il s'efforce envain d'en arrêter le cours;
Et ces deux furieux se rapprochent toujours.
Il tient ferme pourtant, et ne perd point courage;
De mille coups mortels il détourne l'orage,
Jusqu'à ce que du roi le fer trop rigoureux,
Soit qu'il chercha son frère ou ce fils malheureux,
Le renverse à ses pieds prêt à rendre la vie.

ANTIGONE.

Et la douleur encor ne me l'a pas ravie!

CREON.

J'y cours, je le relève et le prends dans mes bras,
Et me reconnaissant : « Je meurs, dit-il tous bas;
» Trop heureux d'expirer pour ma belle princesse.

» En vain à mon secours votre amitié s'empresse ;
» C'est à ces furieux que vous devez courir ;
» Séparez-les, mon père, et me laissez mourir. »
Il expire à ces mots. Ce barbare spectacle
A leur noire fureur n'apporte point d'obstacle ;
Seulement Polynice en paraît affligé :
« Attends, Hémon, dit-il, tu vas être vengé. »
En effet, sa douleur renouvelle sa rage,
Et bientôt le combat tourne à son avantage.
Le roi frappé d'un coup qui lui perce le flanc,
Lui cède la victoire et tombe dans son sang.
Les deux camps aussitôt s'abandonnent en proie,
Le nôtre à la douleur, et les Grecs à la joie,
Et le peuple alarmé du trépas de son roi,
Sur le haut de ses tours témoigne son effroi
Polynice tout fier du succès de son crime,
Regarde avec plaisir expirer sa victime ;
Dans le sang de son frère il semble se baigner :
« Et tu meurs, lui dit-il, et moi je vais régner.
» Regarde dans mes mains l'empire et la victoire,
» Va rougir aux enfers de l'excès de ma gloire ;
» Et pour mourir encore avec plus de regret,
» Traître, songe en mourant que tu meurs mon
  » sujet. »
En achevant ces mots, d'une démarche fière
Il s'approche du roi couché sur la poussière,
Et pour le désarmer il avance le bras.
Le roi qui semble mort observe tous ses pas ;
Il le voit, il l'attend, et son ame irritée
Pour quelque grand dessein semble s'être arrêtée.
L'ardeur de se venger flatte encor ses désirs,
Et retarde le cours de ses derniers soupirs.
Prêt à rendre la vie, il en cache le reste,
Et sa mort au vainqueur est un piège funeste :
Et dans l'instant fatal que ce frère inhumain
Lui veut ôter le fer qu'il tenait à la main,
Il lui perce le cœur, et son ame ravie,
En achevant ce coup abandonne la vie.
Polynice frappé pousse un cri dans les airs,

Et son ame en courroux s'enfuit dans les enfers.
Tout mort qu'il est, madame, il garde sa colère,
Et l'on dirait qu'encore il menace son frère :
Son visage où la mort a répandu ses traits,
Demeure plus terrible et plus fier que jamais.

ANTIGONE.

Fatale ambition, aveuglement funeste !
D'un oracle cruel suite trop manifeste !
De tout le sang royal il ne reste que nous,
Et plût aux dieux, Créon, qu'il ne restât que vous,
Et que mon désespoir prévenant leur colère,
Eût suivi de plus près le trépas de ma mère !

CREON.

Il est vrai que des dieux le courroux embrasé,
Pour nous faire périr semble s'être épuisé ;
Car enfin sa rigueur, vous le voyez, madame,
Ne m'accable pas moins qu'elle afflige votre ame.
En m'arrachant mes fils....

ANTIGONE.

     Ah ! vous régnez, Créon,
Et le trône aisément vous console d'Hémon.
Mais laissez-moi de grâce un peu de solitude,
Et ne contraignez point ma triste inquiétude :
Aussi-bien mes chagrins passeraient jusqu'à vous.
Vous trouverez ailleurs des entretiens plus doux :
Le trône vous attend, le peuple vous appelle ;
Goûtez tous les plaisirs d'une grandeur nouvelle.
Adieu. Nous ne faisons tous deux que nous gêner ;
Je veux pleurer, Créon, et vous voulez régner.

CREON, *arrêtant Antigone.*

Ah, madame ! régnez et montez sur le trône ;
Ce haut rang n'appartient qu'à l'illustre Antigone.

ANTIGONE.

Il me tarde déjà que vous ne l'occupiez.
La couronne est à vous.

CREON.

     Je la mets à vos pieds.

ANTIGONE.

Je la refuserais de la main des dieux même,

TRAGEDIE.

Et vous osez, Créon, m'offrir le diadème?
CREON.
Je sais que ce haut rang n'a rien de glorieux
Qui ne cède à l'honneur de l'offrir à vos yeux.
D'un si noble destin je me connais indigne :
Mais si l'on peut prétendre à cette gloire insigne,
Si par d'illustres faits on la peut mériter,
Que faut-il faire enfin, madame?
ANTIGONE.
M'imiter.
CREON.
Que ne ferais-je point pour une telle grace!
Ordonnez seulement ce qu'il faut que je fasse :
Je suis prêt....
ANTIGONE, *en s'en allant.*
Nous verrons.
CREON, *la suivant.*
J'attends vos lois ici.
ANTIGONE, *en s'en allant.*
Attendez.

SCÈNE IV.

CRÉON, ATTALE, GARDES.

ATTALE.
Son courroux serait-il adouci?
Croyez-vous la fléchir?
CREON.
Oui, oui, mon cher Attale :
Il n'est point de fortune à mon bonheur égale,
Et tu vas voir en moi dans ce jour fortuné,
L'ambitieux au trône, et l'amant couronné.
Je demandais au ciel la princesse et le trône,
Il me donne le sceptre et m'accorde Antigone.
Pour couronner ma tête et ma flamme en ce jour,
Il arme en ma faveur et la haine et l'amour ;
Il allume pour moi deux passions contraires,
Il attendrit la sœur, il endurcit les frères,

Il aigrit leur courroux, il fléchit sa rigueur,
Et m'ouvre en même temps et leur trône et son cœur.

ATTALE.

Il est vrai, vous avez toute chose prospère,
Et vous seriez heureux si vous n'étiez point père.
L'ambition, l'amour, n'ont rien à désirer,
Mais, seigneur, la nature a beaucoup à pleurer :
En perdant vos deux fils......

CREON.

Oui, leur perte m'afflige:
Je sais ce que de moi le rang de père exige ;
Je l'étais. Mais sur-tout j'étais né pour régner,
Et je perds beaucoup moins que je ne crois gagner.
Le nom de père, Attale, est un titre vulgaire,
C'est un don que le ciel ne nous refuse guère,
Un bonheur si commun n'a pour moi rien de doux,
Ce n'est pas un bonheur, s'il ne fait des jaloux.
Mais le trône est un bien dont le ciel est avare ;
Du reste des mortels ce haut rang nous sépare ;
Bien peu sont honorés d'un don si précieux:
La terre a moins de rois que le ciel n'a de dieux.
D'ailleurs tu sais qu'Hémon adorait la princesse,
Et qu'elle eut pour ce prince une extrême tendresse :
S'il vivait, son amour au mien serait fatal :
En me privant d'un fils, le ciel m'ôte un rival.
Ne me parle donc plus que de sujet de joie,
Souffre qu'à mes transports je m'abandonne en
    proie,
Et, sans me rappeler des ombres des enfers,
Dis-moi ce que je gagne et non ce que je perds.
Parle-moi de régner, parle-moi d'Antigone,
J'aurai bientôt son cœur, et j'ai déjà le trône.
Tout ce qui s'est passé n'est qu'un songe pour moi:
J'étais père et sujet, je suis amant et roi.
La princesse et le trône ont pour moi tant de charmes
Que.... Mais Olympe vient.

ATTALE.

Dieux! elle est toute en larmes.

SCÈNE V.

CREON, OLYMPE, ATTALE, GARDES.

OLYMPE.

Qu'attendez-vous, seigneur ? la princesse n'est plus.

CREON.

Elle n'est plus, Olympe ?

OLYMPE.

Ah regrets superflus !
Elle n'a fait qu'entrer dans la chambre prochaine,
Et du même poignard dont est morte la reine,
Sans que je pusse voir son funeste dessein,
Cette fière princesse a percé son beau sein :
Elle s'en est, seigneur, mortellement frappée,
Et dans son sang, hélas ! elle est soudain tombée.
Jugez à cet objet ce que j'ai dû sentir.
Mais sa belle ame enfin toute prête à sortir :
« Cher Hémon, c'est à toi que je me sacrifie. »
Dit-elle, et ce moment a terminé sa vie.
J'ai senti son beau corps tout froid entre mes bras,
Et j'ai cru que mon ame allait suivre ses pas.
Heureuse mille fois, si ma douleur mortelle,
Dans la nuit du tombeau m'eut plongée avec elle !

SCÈNE VI.

CREON, ATTALE, GARDES.

CREON.

Ainsi donc vous fuyez un amant odieux,
Et vous-même, cruelle, éteignez vos beaux yeux !
Vous fermez pour jamais ces beaux yeux que j'adore,
Et pour ne me point voir, vous les fermez encore !
Quoiqu'Hémon vous fut cher, vous courez au trépas
Bien plus pour m'éviter que pour suivre ses pas !
Mais dussiez-vous encor m'être aussi rigoureuse,
Ma présence aux enfers vous fût-elle odieuse,

LES FRÈRES ENNEMIS,

Dût après le trépas vivre votre courroux,
Inhumaine, je vais y descendre après vous.
Vous y verrez toujours l'objet de votre haine,
Et toujours mes soupirs vous rediront ma peine,
Ou pour vous adoucir, ou pour vous tourmenter,
Et vous ne pourrez plus mourir pour m'éviter.
Mourons donc...

ATTALE, *lui arrachant son épée.*

Ah, seigneur! quelle cruelle envie!

CREON.

Ah! c'est m'assassiner que me sauver la vie!
Amour, rage, transports, venez à mon secours,
Venez, et terminez mes détestables jours!
De ses cruels amis trompez tous les obstacles!
Toi, justifie, ô ciel, la foi de tes oracles!
Je suis le dernier sang du malheureux Laïus,
Perdez-moi, dieux cruels, ou vous serez déçus.
Reprenez, reprenez cet empire funeste,
Vous m'ôtez Antigone, ôtez-moi tout le reste;
Le trône et vos présens excitent mon courroux;
Un coup de foudre est tout ce que je veux de vous.
Ne le refusez pas à mes vœux, à mes crimes,
Ajoutez mon supplice à tant d'autres victimes.
Mais en vain je vous presse, et mes propres forfaits
Me font déjà sentir tous les maux que j'ai faits.
Jocaste, Polynice, Etéocle, Antigone,
Mes fils que j'ai perdus pour m'élever au trône,
Tant d'autres malheureux dont j'ai causé les maux,
Font déjà dans mon cœur l'office de bourreaux.
Arrêtez.... Mon trépas va venger votre perte,
La foudre va tomber, la terre est entr'ouverte;
Je ressens à la fois mille tourmens divers,
Et je m'en vais chercher du repos aux enfers.

(*Il tombe entre les mains des gardes.*)

FIN DE LA THEBAÏDE.

ALEXANDRE LE GRAND,

TRAGÉDIE.

1665.

PERSONNAGES.

ALEXANDRE.

PORUS,
TAXILE, } Rois dans les Indes.

AXIANE, Reine d'une autre partie des Indes.

CLÉOFILE, sœur de Taxile.

EPHESTION.

Suite d'Alexandre.

La scène est sur le bord de l'Hydaspe, dans le camp de Taxile.

ALEXANDRE.

ALEXANDRE LE GRAND,
TRAGEDIE.

ACTE PREMIER.

SCÈNE PREMIÈRE.
TAXILE, CLEOFILE.

CLEOFILE.

Quoi! vous allez combattre un roi dont la puis-
    sance
Semble forcer le ciel à prendre sa défense,
Sous qui toute l'Asie a vu tomber ses rois,
Et qui tient la fortune attachée à ses lois.
Mon frère, ouvrez les yeux pour connaître Alexan-
    dre,
Voyez de toutes parts les trônes mis en cendre,
Les peuples asservis et les rois enchaînés,
Et prévenez les maux qui les ont entraînés.

TAXILE.
Voulez-vous que frappé d'une crainte si basse,
Je présente la tête au joug qui nous menace,
Et que j'entende dire aux peuples indiens
Que j'ai forgé moi-même et leurs fers et les miens?
Quitterai-je Porus? Trahirai-je ces princes
Que rassemble le soin d'affranchir nos provinces,
Et qui, sans balancer sur un si noble choix,
Sauront également vivre ou mourir en rois?
En voyez-vous un seul qui, sans rien entreprendre,
Se laisse terrasser au seul nom d'Alexandre,

ALEXANDRE,

Et le croyant déjà maître de l'univers,
Aille, esclave empressé, lui demander des fers?
Loin de s'épouvanter à l'aspect de sa gloire,
Ils l'attaqueront même au sein de la victoire :
Et vous voulez, ma sœur, que Taxile aujourd'hui,
Tout prêt à le combattre, implore son appui!

CLEOFILE.

Aussi n'est-ce qu'à vous que ce prince s'adresse ;
Pour votre amitié seule Alexandre s'empresse :
Quand la foudre s'allume et s'apprête à partir,
Il s'efforce en secret de vous en garantir.

TAXILE.

Pourquoi suis-je le seul que son courroux ménage?
De tous ceux que l'Hydaspe oppose à son courage,
Ai-je mérité seul son indigne pitié?
Ne peut-il à Porus offrir son amitié?
Ah! sans-doute il lui croit l'ame trop généreuse
Pour écouter jamais une offre si honteuse :
Il cherche une vertu qui lui résiste moins,
Et peut-être il me croit plus digne de ses soins.

CLEOFILE.

Dites, sans l'accuser de chercher un esclave,
Que de ses ennemis il vous croit le plus brave,
Et qu'en vous arrachant les armes de la main,
Il se promet du reste un triomphe certain ;
Son choix à votre nom n'imprime point de taches ;
Son amitié n'est point le partage des lâches :
Quoiqu'il brûle de voir tout l'univers soumis,
On ne voit point d'esclave au rang de ses amis.
Ah! si son amitié peut souiller votre gloire,
Que ne m'épargniez-vous une tache si noire?
Vous connaissez les soins qu'il me rend tous les jours,
Il ne tenait qu'à vous d'en arrêter le cours.
Vous me voyez ici maîtresse de son ame,
Cent messages secrets m'assurent de sa flamme ;
Pour venir jusqu'à moi, ses soupirs embrasés,
Se font jour au travers de deux camps opposés.
Au lieu de le haïr, au lieu de m'y contraindre,

De mon trop de rigueur je vous ai vu vous plaindre,
Vous m'avez engagée à souffrir son amour,
Et peut-être, mon frère, à l'aimer à mon tour.
TAXILE.
Vous pouvez, sans rougir du pouvoir de vos charmes,
Forcer ce grand guerrier à vous rendre les armes,
Et sans que votre cœur doive s'en alarmer,
Le vainqueur de l'Euphrate a pu vous désarmer :
Mais l'état aujourd'hui suivra ma destinée ;
Je tiens avec mon sort sa fortune enchaînée,
Et quoique vos conseils tâchent de me fléchir,
Je dois demeurer libre afin de l'affranchir.
Je sais l'inquiétude où ce dessein vous livre,
Mais comme vous, ma sœur, j'ai mon amour à suivre.
Les beaux yeux d'Axiane, ennemis de la paix,
Contre votre Alexandre arment tous leurs attraits :
Reine de tous les cœurs, elle met tout en armes
Pour cette liberté que détruisent ses charmes ;
Elle rougit des fers qu'on apporte en ces lieux,
Et n'y saurait souffrir de tyrans que ses yeux.
Il faut servir, ma sœur, son illustre colère,
Il faut aller....
CLEOFILE.
Hé bien ! perdez-vous pour lui plaire,
De ces tyrans si chers suivez l'arrêt fatal,
Servez-les, ou plutôt servez votre rival ;
De vos propres lauriers souffrez qu'on le couronne ;
Combattez pour Porus, Axiane l'ordonne ;
Et par de beaux exploits appuyant sa rigueur,
Assurez à Porus l'empire de son cœur.
TAXILE.
Ah, ma sœur ! croyez-vous que Porus....
CLEOFILE.
Mais vous-même,
Doutez-vous en effet qu'Axiane ne l'aime ?
Quoi ! ne voyez-vous pas avec quelle chaleur
L'ingrate à vos yeux même étale sa valeur ?

Quelque brave qu'on soit, si nous la voulons croire,
Ce n'est qu'autour de lui que vole la victoire :
Vous formeriez sans lui d'inutiles desseins,
La liberté de l'Inde est toute entre ses mains ;
Sans lui déjà nos murs seraient réduits en cendre ;
Lui seul peut arrêter les progrès d'Alexandre :
Elle se fait un dieu de ce prince charmant,
Et vous doutez encor qu'elle en fasse un amant !

TAXILE.
Je tâchais d'en douter, cruelle Cléofile.
Hélas ! dans son erreur affermissez Taxile :
Pourquoi lui peignez-vous cet objet odieux ?
Aidez-le bien plutôt à démentir ses yeux :
Dites-lui qu'Axiane est une beauté fière,
Telle à tous les mortels qu'elle est à votre frère ;
Flattez de quelque espoir....

CLEOFILE.
     Espérez, j'y consens :
Mais n'espérez plus rien de vos soins impuissans.
Pourquoi dans les combats chercher une conquête
Qu'à vous livrer lui-même Alexandre s'apprête ?
Ce n'est pas contre lui qu'il la faut disputer ;
Porus est l'ennemi qui prétend vous l'ôter.
Pour ne vanter que lui, l'injuste renommée
Semble oublier les noms du reste de l'armée :
Quoi qu'on fasse, lui seul en ravit tout l'éclat,
Et comme ses sujets il vous mène au combat.
Ah ! si ce nom vous plaît, si vous cherchez à l'être,
Les Grecs et les Persans vous enseignent un maître ;
Vous trouverez cent rois compagnons de vos fers,
Porus y viendra même avec tout l'univers.
Mais Alexandre enfin ne vous tend point de chaines;
Il laisse à votre front ces marques souveraines
Qu'un orgueilleux rival ose ici dédaigner.
Porus vous fait servir, il vous fera régner,
Au lieu que de Porus vous-êtes la victime,
Vous serez.... Mais voici ce rival magnanime.

TRAGEDIE.

TAXILE.

Ah, ma sœur! je me trouble, et mon cœur alarmé,
En voyant mon rival, me dit qu'il est aimé.

CLEOFILE.

Le temps vous presse, adieu. C'est à vous de vous
rendre
L'esclave de Porus ou l'ami d'Alexandre.

SCÈNE II.

PORUS, TAXILE.

PORUS.

Seigneur, ou je me trompe, ou nos fiers ennemis
Feront moins de progrès qu'ils ne s'étaient promis.
Nos chefs et nos soldats brûlant d'impatience,
Font lire sur leur front une mâle assurance;
Ils s'animent l'un l'autre, et nos moindres guerriers
Se promettent déjà des moissons de lauriers.
J'ai vu de rang en rang, cette ardeur répandue,
Par des cris généreux éclater à ma vue:
Ils se plaignent qu'au lieu d'éprouver leur grand
cœur,
L'oisiveté d'un camp consume leur vigueur.
Laisserons-nous languir tant d'illustres courages?
Notre ennemi, seigneur, cherche ses avantages:
Il se sent faible encore, et pour nous retenir,
Ephestion demande à nous entretenir,
Et par de vains discours....

TAXILE.

Seigneur, il faut l'entendre.
Nous ignorons encor ce que veut Alexandre:
Peut-être est-ce la paix qu'il nous veut présenter.

PORUS.

La paix! Ah! de sa main pourriez-vous l'accepter?
Hé quoi! nous l'aurons vu, par tant d'horribles
guerres
Troubler le calme heureux dont jouissaient nos
terres,

E 3

Et le fer à la main entrer dans nos états
Pour attaquer des rois qui ne l'offensaient pas ;
Nous l'aurons vu piller des provinces entières,
Du sang de nos sujets faire enfler nos rivières,
Et quand le ciel s'apprête à nous l'abandonner,
J'attendrai qu'un tyran daigne nous pardonner !

TAXILE.

Ne dites point, seigneur, que le ciel l'abandonne ;
D'un soin toujours égal sa faveur l'environne.
Un roi qui fait trembler tant d'états sous ses lois,
N'est pas un ennemi que méprisent les rois.

PORUS.

Loin de le mépriser, j'admire son courage,
Je rends à sa valeur un légitime hommage :
Mais je veux à mon tour mériter les tributs
Que je me sens forcé de rendre à ses vertus.
Oui, je consens qu'au ciel on élève Alexandre,
Mais si je puis, seigneur, je l'en ferai descendre,
Et j'irai l'attaquer jusque sur les autels
Que lui dresse en tremblant le reste des mortels.
C'est ainsi qu'Alexandre estima tous les princes
Dont sa valeur pourtant a conquis les provinces :
Si son cœur dans l'Asie eut montré quelque effroi,
Darius en mourant l'aurait-il vu son roi ?

TAXILE.

Seigneur, si Darius avait su se connaître,
Il règnerait encore où règne un autre maître.
Cependant, cet orgueil qui causa son trépas
Avait un fondement que vos mépris n'ont pas.
La valeur d'Alexandre à peine était connue ;
Ce foudre était encore enfermé dans la nue,
Dans un calme profond Darius endormi,
Ignorait jusqu'au nom d'un si faible ennemi.
Il le connut bientôt, et son ame étonnée,
De tout ce grand pouvoir se vit abandonnée ;
Il se vit terrasser d'un bras victorieux,
Et la foudre en tombant lui fit ouvrir les yeux.

PORUS.

Mais encore à quel prix croyez-vous qu'Alexandre

Mette l'indigne paix dont il veut nous surprendre?
Demandez-le, seigneur, à cent peuples divers
Que cette paix trompeuse a jettés dans les fers.
Non, ne nous flattons point, sa douceur nous outrage,
Toujours son amitié traîne un long esclavage;
En vain on prétendrait n'obéir qu'à demi;
Si l'on n'est son esclave, on est son ennemi.

TAXILE.

Seigneur, sans se montrer lâche ni téméraire,
Par quelque vain hommage on peut le satisfaire.
Flattons par des respects ce prince ambitieux
Que son bouillant orgueil appelle en d'autres lieux.
C'est un torrent qui passe et dont la violence
Sur tout ce qui l'arrête exerce sa puissance,
Qui, grossi du débris de cent peuples divers,
Veut du bruit de son cours remplir tout l'univers.
Que sert de l'irriter par un orgueil sauvage?
D'un favorable accueil honorons son passage,
Et lui cédant des droits que nous reprendrons bien,
Rendons-lui des devoirs qui ne nous coûtent rien.

PORUS.

Qui ne nous coûtent rien? seigneur, l'osez-vous croire?
Compterai-je pour rien la perte de ma gloire?
Votre empire et le mien seraient trop achetés
S'ils coûtaient à Porus les moindres lâchetés.
Mais croyez-vous qu'un prince enflé de tant d'audace,
De son passage ici ne laissât point de trace?
Combien de rois brisés à ce funeste écueil,
Ne règnent plus qu'autant qu'il plait à son orgueil!
Nos couronnes, d'abord devenant ses conquêtes,
Tant que nous règnerions flotteraient sur nos têtes,
Et nos sceptres en proie à ses moindres dédains,
Dès qu'il aurait parlé tomberaient de nos mains.
Ne dites point qu'il court de province en province;
Jamais de ses liens il ne dégage un prince,
Et pour mieux asservir les peuples sous ses lois,

Souvent dans la poussière il leur cherche des rois.
Mais ces indignes soins touchent peu mon courage,
Votre seul intérêt m'inspire ce langage ;
Porus n'a point de part dans tout cet entretien,
Et quand la gloire parle, il n'écoute plus rien.
TAXILE.
J'écoute comme vous ce que l'honneur m'inspire,
Seigneur, mais il m'engage à sauver mon empire.
PORUS.
Si vous voulez sauver l'un et l'autre aujourd'hui,
Prévenons Alexandre, et marchons contre lui.
TAXILE.
L'audace et le mépris sont d'infidèles guides.
PORUS.
La honte suit de près les courages timides.
TAXILE.
Le peuple aime les rois qui savent l'épargner.
PORUS.
Il estime encor plus ceux qui savent régner.
TAXILE.
Ces conseils ne plairont qu'à des ames hautaines.
PORUS.
Ils plairont à des rois, et peut-être à des reines.
TAXILE.
La reine, à vous ouïr, n'a des yeux que pour vous.
PORUS.
Un esclave est pour elle un objet de courroux.
TAXILE.
Mais croyez-vous, seigneur, que l'amour vous ordonne
D'exposer avec vous son peuple et sa personne ?
Non, non : sans vous flatter, avouez qu'en ce jour
Vous suivez votre haine et non pas votre amour.
PORUS.
Hé bien ! je l'avoûrai que ma juste colère
Aime la guerre autant que la paix vous est chère :
J'avoûrai que brûlant d'une noble chaleur,
Je vais contre Alexandre éprouver ma valeur.
Du bruit de ses exploits mon ame importunée,

TRAGEDIE.

Attend depuis long-temps cette heureuse journée.
Avant qu'il me cherchât, un orgueil inquiet
M'avait déjà rendu son ennemi secret.
Dans le noble transport de cette jalousie,
Je le trouvais trop lent à traverser l'Asie,
Je l'attirais ici par des vœux si puissans,
Que je portais envie au bonheur des Persans;
Et maintenant encor, s'il trompait mon courage,
Pour sortir de ces lieux s'il cherchait un passage,
Vous me verriez moi-même armé pour l'arrêter,
Lui refuser la paix qu'il nous veut présenter.

TAXILE.

Oui, sans doute, une ardeur si haute et si constante
Vous promet dans l'histoire une place éclatante;
Et sous ce grand dessein dussiez-vous succomber,
Au moins c'est avec bruit qu'on vous verra tomber.
La reine vient, adieu. Vantez-lui votre zèle,
Découvrez cet orgueil qui vous rend digne d'elle.
Pour moi, je troublerais un si noble entretien,
Et vos cœurs rougiraient des faiblesses du mien.

SCENE III.

PORUS, AXIANE.

AXIANE.

Quoi! Taxile me fuit. Quelle cause inconnue....

PORUS.

Il fait bien de cacher sa honte à votre vue;
Et puis qu'il n'ose plus s'exposer aux hasards,
De quel front pourrait-il soutenir vos regards?
Mais laissons-le, madame, et puisqu'il veut se rendre,
Qu'il aille avec sa sœur adorer Alexandre.
Retirons-nous d'un camp où l'encens à la main,
Le fidèle Taxile attend son souverain.

AXIANE.

Mais, seigneur, que dit-il?

PORUS.
Il en fait trop paraître :
Cet esclave déjà m'ose vanter son maître,
Il veut que je le serve....
AXIANE.
Ah! sans vous emporter,
Souffrez que mes efforts tâchent de l'arrêter :
Ses soupirs, malgré moi m'assurent qu'il m'adore.
Quoiqu'il en soit, souffrez que je lui parle encore,
Et ne le forçons point, par ce cruel mépris,
D'achever un dessein qu'il peut n'avoir pas pris.
PORUS.
Hé quoi! vous en doutez ; et votre ame s'assure
Sur la foi d'un amant infidèle et parjure,
Qui veut à son tyran vous livrer aujourd'hui,
Et croit en vous donnant, vous obtenir de lui.
Hé bien, aidez-le donc à vous trahir vous-même :
Il vous peut arracher à mon amour extrême,
Mais il ne peut m'ôter, par ses efforts jaloux,
La gloire de combattre et de mourir pour vous.
AXIANE.
Et vous croyez qu'après une telle insolence
Mon amitié, seigneur, serait sa récompense !
Vous croyez que mon cœur s'engageant sous sa loi,
Je souscrirais au don qu'on lui ferait de moi !
Pouvez-vous sans rougir m'accuser d'un tel crime?
Ai-je fait pour ce prince éclater tant d'estime ?
Entre Taxile et vous, s'il fallait prononcer,
Seigneur, le croyez-vous qu'on me vît balancer ?
Sais-je pas que Taxile est une ame incertaine,
Que l'amour le retient quand la crainte l'entraîne ?
Sais-je pas que sans moi sa timide valeur
Succomberait bientôt aux ruses de sa sœur ?
Vous savez qu'Alexandre en fit sa prisonnière,
Et qu'enfin cette sœur retourna vers son frère ;
Mais je connus bientôt qu'elle avait entrepris
De l'arrêter au piège où son cœur était pris.

PORUS.

Et pouvez-vous encor demeurer auprès d'elle?
Que n'abandonnez-vous cette sœur criminelle?
Pourquoi par tant de soins voulez-vous épargner
Un prince...

AXIANE.

C'est pour vous que je le veux gagner.
Vous verrai-je, accablé du soin de nos provinces,
Attaquer seul un roi vainqueur de tant de princes?
Je vous veux dans Taxile offrir un défenseur
Qui combatte Alexandre en dépit de sa sœur.
Que n'avez-vous pour moi cette ardeur empressée?
Mais d'un soin si commun votre ame est peu blessée;
Pourvu que ce grand cœur périsse noblement,
Ce qui suivra sa mort le touche faiblement.
Vous me voulez livrer sans secours, sans asile,
Au courroux d'Alexandre, à l'amour de Taxile,
Qui, me traitant bientôt en superbe vainqueur,
Pour prix de votre mort demandera mon cœur.
Hé bien! seigneur, allez, contentez votre envie,
Combattez, oubliez le soin de votre vie,
Oubliez que le ciel favorable à vos vœux,
Vous préparait peut-être un sort assez heureux.
Peut-être qu'à son tour Axiane charmée
Allait... Mais non, seigneur, courez vers votre armée;
Un si long entretien vous serait ennuyeux,
Et c'est vous retenir trop long-temps en ces lieux.

PORUS.

Ah, madame! arrêtez et connaissez ma flamme;
Ordonnez de mes jours, disposez de mon ame:
La gloire y peut beaucoup, je ne m'en cache pas,
Mais que n'y peuvent point tant de divins appas!
Je ne vous dirai point que pour vaincre Alexandre
Vos soldats et les miens allaient tout entreprendre;
Que c'était pour Porus un bonheur sans égal
De triompher tout seul aux yeux de son rival:
Je ne vous dis plus rien. Parlez en souveraine,
Mon cœur met à vos pieds et sa gloire et sa haine.

E 6

AXIANE.
Ne craignez rien, ce cœur qui veut bien m'obéir,
N'est pas entre des mains qui le puissent trahir :
Non, je ne prétends pas, jalouse de sa gloire,
Arrêter un héros qui court à la victoire.
Contre un fier ennemi précipitez vos pas,
Mais de vos alliés ne vous séparez pas :
Ménagez-les, seigneur, et d'une ame tranquille,
Laissez agir mes soins sur l'esprit de Taxile,
Montrez en sa faveur des sentimens plus doux,
Je le vais engager à combattre pour vous.

PORUS.
Hé bien, madame, allez, j'y consens avec joie,
Voyons Éphestion, puisqu'il faut qu'on le voie.
Mais, sans perdre l'espoir de le suivre de près,
J'attends Éphestion, et le combat après.

Fin du premier Acte.

ACTE II.

SCENE PREMIÈRE.

CLÉOFILE, ÉPHESTION.

ÉPHESTION.

Oui, tandis que vos rois délibèrent ensemble,
Et que tout se prépare au conseil qui s'assemble,
Madame, permettez que je vous parle aussi
Des secrètes raisons qui m'amènent ici.
Fidèle confident du beau feu de mon maître,
Souffrez que je l'explique aux yeux qui l'ont fait naître,
Et que pour ce héros j'ose vous demander
Le repos qu'à vos rois il veut bien accorder.
Après tant de soupirs, que faut-il qu'il espère ?
Attendez-vous encore après l'aveu d'un frère ?
Voulez-vous que son cœur incertain et confus,
Ne se donne jamais sans craindre vos refus ?
Faut-il mettre à vos pieds le reste de la terre ?
Faut-il donner la paix, faut-il faire la guerre ?
Prononcez : Alexandre est tout prêt d'y courir,
Ou pour vous mériter, ou pour vous conquérir.

CLÉOFILE.

Puis-je croire qu'un prince au comble de la gloire
De mes faibles attraits garde encor la mémoire ;
Que traînant après lui la victoire et l'effroi,
Il se puisse abaisser à soupirer pour moi ?
Des captifs comme lui brisent bientôt leur chaîne ;
A de plus hauts desseins la gloire les entraîne,
Et l'amour dans leurs cœurs, interrompu, troublé,
Sous le faix des lauriers est bientôt accablé.
Tandis que ce héros me tint sa prisonnière,

J'ai pu toucher son cœur d'une atteinte légère;
Mais je pense, seigneur, qu'en rompant mes liens,
Alexandre à son tour brisa bientôt les siens.

ÉPHESTION.

Ah! si vous l'aviez vu brûlant d'impatience,
Compter les tristes jours d'une si longue absence,
Vous sauriez que l'amour précipitant ses pas,
Il ne cherchait que vous en courant aux combats.
C'est pour vous qu'on l'a vu vainqueur de tant de
    princes,
D'un cours impétueux traverser vos provinces,
Et briser en passant, sous l'effort de ses coups,
Tout ce qui l'empêchait de s'approcher de vous.
On voit en même champ vos drapeaux et les nôtres,
De ses retranchemens il découvre les vôtres:
Mais, après tant d'exploits, ce timide vainqueur,
Craint qu'il ne soit encor bien loin de votre cœur.
Que lui sert de courir de contrée en contrée,
S'il faut que de ce cœur vous lui fermiez l'entrée;
Si pour ne point répondre à de sincères vœux,
Vous cherchez chaque jour à douter de ses feux:
Si votre esprit armé de mille défiances.....

CLÉOFILE.

Hélas! de tels soupçons sont de faibles défenses,
Et nos cœurs se formant mille soins superflus,
Doutent toujours du bien qu'ils souhaitent le plus.
Oui, puisque ce héros veut que j'ouvre mon ame,
J'écoute avec plaisir le récit de sa flamme;
Je craignais que le temps n'en eut borné le cours,
Je souhaite qu'il m'aime, et qu'il m'aime toujours.
Je dis plus: quand son bras força notre frontière,
Et dans les murs d'Omphis m'arrêta prisonnière,
Mon cœur, qui le voyait maître de l'univers,
Se consolait déjà de languir dans ses fers,
Et loin de murmurer contre un destin si rude,
Il s'en fit, je l'avoue, une douce habitude;
Et de sa liberté perdant le souvenir,
Même en la demandant craignait de l'obtenir:
Jugez si son retour me doit combler de joie.

Mais tout couvert de sang veut-il que je la voie?
Est-ce comme ennemi qu'il se vient présenter?
Et ne me cherche-t-il que pour me tourmenter?

ÉPHESTION.

Non, madame, vaincu du pouvoir de vos charmes,
Il suspend aujourd'hui la terreur de ses armes,
Il présente la paix à des rois aveuglés,
Et retire la main qui les eût accablés.
Il craint que la victoire à ses vœux trop facile,
Ne conduisent ses coups dans le sein de Taxile:
Son courage sensible à vos justes douleurs,
Ne veut point de lauriers arrosés de vos pleurs.
Favorisez les soins où son amour l'engage,
Exemptez sa valeur d'un si triste avantage,
Et disposez des rois qu'épargne son courroux
A recevoir un bien qu'ils ne doivent qu'à vous.

CLÉOFILE.

N'en doutez point, seigneur, mon ame inquiétée,
D'une crainte si juste est sans cesse agitée:
Je tremble pour mon frère, et crains que son trépas,
D'un ennemi si cher n'ensanglante le bras.
Mais en vain je m'oppose à l'ardeur qui l'enflamme,
Axiane et Porus tyrannisent son ame:
Les charmes d'une reine et l'exemple d'un roi,
Dès que je veux parler, s'élèvent contre moi.
Que n'ai-je point à craindre en ce désordre extrême!
Je crains pour lui, je crains pour Alexandre même.
Je sais qu'en l'attaquant cent rois se sont perdus,
Je sais tous ses exploits, mais je connais Porus.
Nos peuples qu'on a vus triomphans à sa suite
Repousser les efforts du Persan et du Scythe,
Et tous fiers des lauriers dont il les a chargés,
Vaincront à son exemple, ou périront vengés.
Et je crains.....

ÉPHESTION.

Ah! quittez une crainte si vaine;
Laissez courir Porus où son malheur l'entraine;

Que l'Inde en sa faveur arme tous ses états,
Et que le seul Taxile en détourne ses pas.
Mais les voici.
CLÉOFILE.
Seigneur, achevez votre ouvrage,
Par vos sages conseils dissipez cet orage :
Ou s'il faut qu'il éclate, au moins souvenez-vous
De le faire tomber sur d'autres que sur nous.

SCENE II.
PORUS, TAXILE, ÉPHESTION.
ÉPHESTION.
Avant que le combat qui menace vos têtes
Mette tous vous états au rang de nos conquêtes,
Alexandre veut bien différer ses exploits,
Et vous offrir la paix pour la dernière fois.
Vos peuples prévenus de l'espoir qui vous flatte,
Prétendaient arrêter le vainqueur de l'Euphrate,
Mais l'Hydaspe, malgré tant d'escadrons épars,
Voit enfin sur ses bords flotter nos étendards ;
Vous les verriez plantés jusque sur vos tranchées,
Et de sang et de morts vos campagnes jonchées,
Si ce héros couvert de tant d'autres lauriers,
N'eût lui-même arrêté l'ardeur de nos guerriers.
Il ne vient point ici, souillé du sang des princes,
D'un triomphe barbare effrayer vos provinces,
Et cherchant à briller d'une triste splendeur,
Sur le tombeau des rois élever sa grandeur :
Mais vous-mêmes, trompés d'un vain espoir de
  gloire,
N'allez pas dans ses bras irriter la victoire ;
Et lorsque son courroux demeure suspendu,
Princes, contentez-vous de l'avoir attendu.
Ne différez point tant à lui rendre l'hommage
Que vos cœurs, malgré vous, rendent à son cou-
  rage,
Et recevant l'appui que vous offre son bras,

D'un si grand défenseur honorez vos états.
Voilà ce qu'un grand roi veut bien vous faire entendre,
Prêt à quitter le fer, et prêt à le reprendre.
Vous savez son dessein : choisissez aujourd'hui
Si vous voulez tout perdre ou tenir tout de lui.

TAXILE.

Seigneur, ne croyez point qu'une fierté barbare
Nous fasse méconnaître une vertu si rare,
Et que dans leur orgueil nos peuples affermis
Prétendent malgré vous être vos ennemis.
Nous rendons ce qu'on doit aux illustres exemples :
Vous adorez des dieux qui nous doivent leurs temples ;
Des héros qui chez vous passaient pour des mortels,
En venant parmi nous ont trouvé des autels.
Mais envain l'on prétend chez des peuples si braves,
Au lieu d'adorateurs se faire des esclaves ;
Croyez-moi, quelque éclat qui les puisse toucher,
Ils refusent l'encens qu'on veut leur arracher.
Assez d'autres états devenus vos conquêtes,
De leurs rois, sous le joug, ont vu ployer les têtes :
Après tous ces états qu'Alexandre a soumis,
N'est-il pas temps, seigneur, qu'il cherche des amis ?
Tout ce peuple captif qui tremble au nom d'un maître,
Soutient mal un pouvoir qui ne fait que de naître.
Ils ont pour s'affranchir les yeux toujours ouverts :
Votre empire n'est plein que d'ennemis couverts :
Ils pleurent en secret leurs rois sans diadèmes ;
Vos fers trop étendus se relâchent d'eux-mêmes,
Et déjà dans leur cœur les Scytes mutinés,
Vont sortir de la chaîne où vous nous destinez.
Essayez, en prenant notre amitié pour gage,
Ce que peut une foi qu'aucun serment n'engage ;
Laissez un peuple au moins qui puisse quelquefois
Applaudir sans contrainte au bruit de vos exploits.

Je reçois à ce prix l'amitié d'Alexandre :
Et je l'attends déjà comme un roi doit attendre
Un héros dont la gloire accompagne les pas,
Qui peut tout sur mon cœur et rien sur mes états.

PORUS.

Je croyais quand l'Hydaspe, assemblant ses provinces,
Au secours de ses bords fit voler tous ses princes,
Qu'il n'avait avec moi, dans ses desseins si grands,
Engagé que des rois ennemis des tyrans ;
Mais puisqu'un roi flattant la main qui nous menace,
Parmi ses alliés brigue une indigne place,
C'est à moi de repondre aux vœux de mon pays,
Et de parler pour ceux que Taxile a trahis.
Que vient chercher ici le roi qui vous envoye ?
Quel est ce grand secours que son bras nous octroie ?
De quel front ose-t-il prendre sous son appui
Des peuples qui n'ont point d'autre ennemi que lui ?
Avant que sa fureur ravageât tout le monde,
L'Inde se reposait dans une paix profonde,
Et si quelques voisins en troublaient les douceurs,
Il portait dans son sein d'assez bons défenseurs.
Pourquoi nous attaquer ? par quelle barbarie
A-t-on de votre maitre excité la furie ?
Vit-on jamais chez lui nos peuples en courroux
Désoler un pays inconnu parmi nous ?
Faut-il que tant d'états, de déserts, de rivières,
Soient entre nous et lui d'impuissantes barrières,
Et ne saurait-on vivre au bout de l'univers
Sans connaitre son nom et le poids de ses fers ?
Quelle étrange valeur qui, ne cherchant qu'à nuire,
Embrase tout sitôt qu'elle commence à luire ;
Qui n'a que son orgueil pour règle et pour raison,
Qui veut que l'univers ne soit qu'une prison,
Et que, maitre absolu de tous tant que nous sommes,
Ses esclaves en nombre égalent tous les hommes !
Plus d'états, plus de rois ; ses sacrilèges mains
Dessous un même joug rangent tous les humains.
Dans son avide orgueil je sais qu'il nous dévore :

TRAGÉDIE.

De tant de souverains nous seuls régnons encore.
Mais, que dis-je, nous seuls? il ne reste que moi
Où l'on découvre encor les vestiges d'un roi.
Mais c'est pour mon courage une illustre matière :
Je vois d'un œil content trembler la terre entière,
Afin que par moi seul les mortels secourus,
S'ils sont libres, le soient de la main de Porus ;
Et qu'on dise par-tout, dans une paix profonde :
» Alexandre vainqueur eût dompté tout le monde ;
» Mais un roi l'attendait au bout de l'univers,
» Par qui le monde entier a vu briser ses fers. »

ÉPHESTION.

Votre projet du moins nous marque un grand courage,
Mais, seigneur, c'est bien tard s'opposer à l'orage.
Si le monde penchant n'a plus que cet appui,
Je le plains, et vous plains vous-même autant que lui.
Je ne vous retiens point, marchez contre mon maître ;
Je voudrais seulement qu'on vous l'eût fait connaître,
Et que la renommée eût voulu par pitié,
De ses exploits au moins vous conter la moitié ;
Vous verriez....

PORUS.

Que verrais-je, et que pourrais-je apprendre
Qui m'abaisse si fort au dessous d'Alexandre ?
Serais-ce sans efforts les Persans subjugués,
Et vos bras tant de fois de meurtre fatigués ?
Quelle gloire en effet d'accabler la faiblesse
D'un roi déjà vaincu par sa propre mollesse,
D'un peuple sans vigueur et presque inanimé,
Qui gémissait sous l'or dont il était armé,
Et qui tombant en foule au lieu de se défendre,
N'opposait que des morts au grand cœur d'Alexandre ?
Les autres, éblouis de ses moindres exploits,
Sont venus à genoux lui demander des lois ;

ALEXANDRE,

Et leur crainte écoutant je ne sais quels oracles,
Ils n'ont pas cru qu'un dieu pût trouver des obstacles.
Mais nous, qui d'un autre œil jugeons des conquérans,
Nous savons que les dieux ne sont pas des tyrans,
Et de quelque façon qu'un esclave le nomme,
Le fils de Jupiter passe ici pour un homme.
Nous n'allons point de fleurs parfumer son chemin,
Il nous trouve par-tout les armes à la main ;
Il voit à chaque pas arrêter ses conquêtes ;
Un seul rocher ici lui coûte plus de têtes,
Plus de soins, plus d'assauts, et presque plus de temps,
Que ne coûte à son bras l'empire des Persans.
Ennemis du repos qui perdit ces infâmes,
L'or qui naît sous nos pas ne corrompt point nos ames :
La gloire est le seul bien qu'il nous puisse tenter,
Et le seul que mon cœur cherche à lui disputer ;
C'est elle....

ÉPHESTION, *en se levant.*

Et c'est aussi ce que cherche Alexandre :
A de moindres objets son cœur ne peut descendre.
C'est ce qui, l'arrachant du sein de ses états,
Au trône de Cyrus lui fit porter ses pas,
Et du plus ferme empire ébranlant les colonnes,
Attaquer, conquérir et donner des couronnes.
Et puisque votre orgueil ose lui disputer
La gloire du pardon qu'il vous fait présenter,
Vos yeux, dès aujourd'hui témoins de sa victoire,
Verront de quelle ardeur il combat pour la gloire :
Bientôt le fer en main vous le verrez marcher.

PORUS.

Allez donc : je l'attends ou je le vais chercher.

SCÈNE III.

PORUS, TAXILE.

TAXILE.

Quoi ! vous voulez au gré de votre impatience....
PORUS.
Non, je ne prétends point troubler votre alliance:
Éphestion aigri seulement contre moi,
De vos soumissions rendra compte à son roi.
Les troupes d'Axiane à me suivre engagées,
Attendent le combat sous mes drapeaux rangées :
De son trône et du mien je soutiendrai l'éclat,
Et vous serez, seigneur, le juge du combat,
A moins que votre cœur animé d'un beau zèle,
De vos nouveaux amis n'embrasse la querelle.

SCÈNE IV.

AXIANE, PORUS, TAXILE.

AXIANE, *à Taxile.*

Ah ! que dit-on de vous, seigneur ! Nos ennemis
Se vantent que Taxile est à moitié soumis ;
Qu'il ne marchera point contre un roi qu'il respecte.
TAXILE.
La foi d'un ennemi doit être un peu suspecte,
Madame ; avec le temps ils me connaîtront mieux.
AXIANE.
Démentez donc, seigneur, ce bruit injurieux ;
De ceux qui l'ont semé confondez l'insolence ;
Allez, comme Porus, les forcer au silence,
Et leur faire sentir par un juste courroux,
Qu'ils n'ont point d'ennemi plus funeste que vous.
TAXILE.
Madame, je m'en vais disposer mon armée.
Écoutez moins ce bruit qui vous tient alarmée ;
Porus fait son devoir, et je ferai le mien.

SCÈNE V.

AXIANE, PORUS.

AXIANE.

Cette sombre froideur ne m'en dit pourtant rien,
Lâche! et ce n'est point là, pour me le faire croire,
La démarche d'un roi qui court à la victoire.
Il n'en faut plus douter, et nous sommes trahis :
Il immole à sa sœur sa gloire et son pays;
Et sa haine, seigneur, qui cherche à vous abattre,
Attend pour éclater que vous alliez combattre.

PORUS.

Madame, en le perdant je perds un faible appui,
Je le connaissais trop pour m'assurer sur lui.
Mes yeux sans se troubler ont vu son inconstance :
Je craignais beaucoup plus sa molle résistance :
Un traître, en nous quittant pour complaire à sa sœur,
Nous affaiblit bien moins qu'un lâche défenseur.

AXIANE.

Et cependant, seigneur, qu'allez-vous entreprendre?
Vous marchez sans compter les forces d'Alexandre;
Et, courant presque seul au-devant de leurs coups,
Contre tant d'ennemis vous n'opposez que vous.

PORUS.

Hé quoi? voudriez-vous qu'à l'exemple d'un traître,
Ma frayeur conspirât à vous donner un maître;
Que Porus, dans un camp se laissant arrêter,
Refusât le combat qu'il vient de présenter?
Non, non, je n'en crois rien. Je connais mieux, madame,
Le beau feu que la gloire allume dans votre ame:
C'est vous, je m'en souviens, dont les puissans appas,
Excitaient tous nos rois, les traînaient aux combats,

Et de qui la fierté refusant de se rendre,
Ne voulait pour amant qu'un vainqueur d'Alexandre.
Il faut vaincre, et j'y cours, bien moins pour éviter
Le titre de captif que pour le mériter.
Oui, madame, je vais, dans l'ardeur qui m'entraîne,
Victorieux ou mort mériter votre chaîne;
Et puisque mes soupirs s'expliquaient vainement,
A ce cœur que la gloire occupe seulement,
Je m'en vais, par l'éclat qu'une victoire donne,
Attacher de si près la gloire à ma personne,
Que je pourrai peut-être amener votre cœur
De l'amour de la gloire à l'amour du vainqueur.

AXIANE.

Hé bien, seigneur, allez. Taxile aura peut-être
Des sujets dans son camp plus braves que leur maître;
Je vais les exciter par un dernier effort,
Après, dans votre camp j'attendrai votre sort.
Ne vous informez point de l'état de mon ame :
Triomphez et vivez.

PORUS.

Qu'attendez-vous, madame?
Pourquoi dès ce moment ne puis-je pas savoir
Si mes tristes soupirs ont pu vous émouvoir?
Voulez-vous, car le sort, adorable Axiane,
A ne vous plus revoir peut-être me condamne,
Voulez-vous qu'en mourant un prince infortuné
Ignore à quelle gloire il était destiné?
Parlez.

AXIANE.

Que vous dirai-je?

PORUS.

Ah divine princesse,
Si vous sentiez pour moi quelque heureuse faiblesse,
Ce cœur qui me promet tant d'estime en ce jour,
Me pourrait bien encor promettre un peu d'amour.

ALEXANDRE,
Contre tant de soupirs peut-il bien se défendre ?
Peut-il....

AXIANE.

Allez, seigneur, marchez contre Alexandre;
La victoire est à vous, si ce fameux vainqueur
Ne se défend pas mieux contre vous que mon cœur.

Fin du deuxième Acte.

ACTE III.

SCÈNE PREMIÈRE.

AXIANE, CLÉOFILE.

AXIANE.

Quoi ! madame, en ces lieux on me tient enfermée !
Je ne puis au combat voir marcher mon armée !
Et commençant par moi sa noire trahison,
Taxile de son camp me fait une prison !
C'est donc là cette ardeur qu'il me fesait paraître !
Cet humble adorateur se déclare mon maitre !
Et déjà son amour lassé de ma rigueur,
Captive ma personne au défaut de mon cœur !

CLÉOFILE.

Expliquez mieux les soins et les justes alarmes
D'un roi qui pour vainqueur ne connait que vos charmes ;
Et regardez, madame, avec plus de bonté
L'ardeur qui l'intéresse à votre sûreté.
Tandis qu'autour de nous deux puissantes armées
D'une égale chaleur au combat animées,
De leur fureur par-tout font voler les éclats,
De quel autre côté conduiriez-vous vos pas ?
Où pourriez-vous ailleurs éviter la tempête ?
Un plein calme en ces lieux assure votre tête.
Tout est tranquille....

AXIANE.

Et c'est cette tranquillité
Dont je ne puis souffrir l'indigne sûreté.
Quoi ! lorsque mes sujets mourant dans une plaine,
Sur les pas de Porus combattent pour leur reine ;
Qu'au prix de tout leur sang ils signalent leur foi,

Que le cri des mourans vient presque jusqu'à moi,
On me parle de paix! et le camp de Taxile
Garde dans ce désordre un assiette tranquille!
On flatte ma douleur d'un calme injurieux!
Sur des objets de joie on arrête mes yeux!
CLÉOFILE.
Madame, voulez-vous que l'amour de mon frère
Abandonne aux périls une tête si chère?
Il sait trop les hasards....
AXIANE.
Et pour m'en détourner
Ce généreux amant me fait emprisonner!
Et tandis que pour moi son rival se hasarde,
Sa paisible valeur me sert ici de garde!
CLÉOFILE.
Que Porus est heureux! le moindre éloignement
A votre impatience est un cruel tourment :
Et si l'on vous croyait, le soin qui vous travaille
Vous le ferait chercher jusqu'au champ de bataille.
AXIANE.
Je ferai plus, madame : un mouvement si beau
Me le ferait chercher jusque dans le tombeau,
Perdre tous mes états, et voir d'un œil tranquille
Alexandre en payer le cœur de Cléofile.
CLÉOFILE.
Si vous cherchez Porus, pourquoi m'abandonner?
Alexandre en ces lieux pourra le ramener.
Permettez que veillant au soin de votre tête,
A cet heureux amant l'on garde sa conquête.
AXIANE.
Vous triomphez, madame, et déjà votre cœur
Vole vers Alexandre et le nomme vainqueur.
Mais sur la seule foi d'un amour qui vous flatte,
Peut-être avant le temps ce grand orgueil éclate :
Vous poussez un peu loin vos vœux précipités,
Et vous croyez trop tôt ce que vous souhaitez.
Oui, oui....
CLÉOFILE.
Mon frère vient ; et nous allons apprendre

TRAGEDIE. 99

Qui de nous deux, madame, aura pu se méprendre.
AXIANE.
Ah! je n'en doute plus, et ce front satisfait
Dit assez à mes yeux que Porus est défait.

SCÈNE II.
TAXILE, AXIANE, CLÉOFILE.
TAXILE.
Madame, si Porus avec moins de colère,
Eût suivi les conseils d'une amitié sincère,
Il m'aurait en effet épargné la douleur
De vous venir moi-même annoncer son malheur.
AXIANE.
Quoi! Porus...
TAXILE.
C'en est fait, et sa valeur trompée
Des maux que j'ai prévus se voit enveloppée.
Ce n'est pas, car mon cœur respectant sa vertu,
N'accable point encore un rival abattu;
Ce n'est pas que son bras disputant la victoire,
N'en ait aux ennemis ensanglanté la gloire;
Qu'elle-même attachée à ses faits éclatans,
Entre Alexandre et lui n'ait douté quelque temps;
Mais enfin contre moi sa vaillance irritée,
Avec trop de chaleur s'était précipitée.
J'ai vu ses bataillons rompus et renversés,
Vos soldats en désordre, et les siens dispersés,
Et lui-même, à la fin, entrainé dans leur fuite,
Malgré lui du vainqueur éviter la poursuite,
Et de son vain courroux trop tard désabusé,
Souhaiter le secours qu'il avait refusé.
AXIANE.
Qu'il avait refusé! Quoi donc! pour ta patrie,
Ton indigne courage attend que l'on te prie!
Il faut donc malgré toi te trainer aux combats,
Et te forcer toi-même à sauver tes états!
L'exemple de Porus, puisqu'il faut qu'on t'y porte,
Dis-moi, n'était-ce pas une voix assez forte!

F 2

Ce héros en péril, ta maîtresse en danger,
Tout l'état périssant n'a pu t'encourager !
Va, tu sers bien le maître à qui ta sœur te donne.
Achève, et fais de moi ce que sa haine ordonne ;
Garde à tous les vaincus un traitement égal,
Enchaîne ta maîtresse en livrant ton rival.
Aussi-bien c'en est fait, sa disgrace et ton crime
Ont placé dans mon cœur ce héros magnanime.
Je l'adore, et je veux avant la fin du jour,
Déclarer à la fois ma haine et mon amour ;
Lui vouer à tes yeux une amitié fidelle,
Et te jurer aux siens une haine immortelle.
Adieu. Tu me me connais : aime-moi si tu veux.

TAXILE.

Ah ! n'espérez de moi que de sincères vœux,
Madame ; n'attendez ni menaces ni chaines ;
Alexandre sait mieux ce qu'on doit à des reines.
Souffrez que sa douceur vous oblige à garder
Un trône que Porus devait moins hasarder :
Et moi-même en aveugle on me verrait combattre
La sacrilège main qui le voudrait abattre.

AXIANE.

Quoi ! par l'un de vous deux mon sceptre raffermi
Deviendrait dans mes mains le don d'un ennemi !
Et sur mon propre trône on me verrait placée
Par le même tyran qui m'en aurait chassée !

TAXILE.

Des reines et des rois vaincus par sa valeur,
Ont laissé par ses soins adoucir leur malheur.
Voyez de Darius et la femme et la mère ;
L'une le traite en fils, l'autre le traite en frère.

AXIANE.

Non, non, je ne sais point vendre mon amitié,
Caresser un tyran et régner par pitié.
Penses-tu que j'imite une faible Persanne ;
Qu'à la cour d'Alexandre on retienne Axiane ;
Et qu'avec mon vainqueur courant tout l'univers,
J'aille vanter par-tout la douceur de ses fers ?
S'il donne les états, qu'il te donne les nôtres ;

Qu'il te pare, s'il veut, des dépouilles des autres;
Règne: Porus ni moi n'en serons point jaloux,
Et tu seras encor plus esclave que nous.
J'espère qu'Alexandre, amoureux de sa gloire,
Et fâché que ton crime ait souillé sa victoire,
S'en lavera bientôt par ton propre trépas.
Des traitres comme toi font souvent des ingrats:
Et de quelques faveurs que sa main t'éblouisse,
Du perfide Bessus crains au moins le supplice.
Adieu.

SCENE III.

CLÉOFILE, TAXILE.

CLÉOFILE.

Cédez, mon frère, à ce bouillant tranport;
Alexandre et le temps vous rendront le plus fort;
Et cet âpre courroux, quoiqu'elle en puisse dire,
Ne s'obstinera point au refus d'un empire.
Maître de ses destins, vous l'êtes de son cœur.
Mais, dites-moi, vos yeux ont-ils vu le vainqueur,
Quel traitement, mon frère, en devons-nous attendre?
Qu'a-t-il dit?

TAXILE.

Oui, ma sœur, j'ai vu votre Alexandre.
D'abord, ce jeune éclat qu'on remarque en ses traits
M'a semblé démentir le nombre de ses faits;
Mon cœur plein de son nom, n'osait, je le confesse,
Accorder tant de gloire avec tant de jeunesse:
Mais de ce même front l'héroïque fierté,
Le feu de ses regards, sa haute majesté,
Font connaître Alexandre; et certes son visage
Porte de sa grandeur l'infaillible présage,
Et sa présence auguste appuyant ses projets,
Ses yeux comme son bras font par-tout des sujets.
Il sortait du combat. Ébloui de sa gloire,

Je croyais dans ses yeux voir briller la victoire.
Toutefois à ma vue oubliant sa fierté,
Il a fait à son tour éclater sa bonté.
Ses transports ne m'ont point déguisé sa tendresse.
» Retournez, m'a-t-il dit, auprès de la princesse :
» Disposez ses beaux yeux à revoir un vainqueur
» Qui va mettre à ses pieds sa victoire et son cœur. »
Il marche sur mes pas. Je n'ai rien à vous dire,
Ma sœur, de votre sort je vous laisse l'empire ;
Je vous confie encor la conduite du mien.

CLÉOFILE.

Vous aurez tout pouvoir, ou je ne pourrai rien.
Tout va vous obéir si le vainqueur m'écoute.

TAXILE.

Je vais donc..... Mais on vient. C'est lui-même sans
doute.

SCENE IV.

ALEXANDRE, TAXILE, CLÉOFILE, ÉPHESTION, SUITE D'ALEXANDRE.

ALEXANDRE.

Allez, Éphestion, que l'on cherche Porus ;
Qu'on épargne sa vie et le sang des vaincus.

SCENE V.

ALEXANDRE, TAXILE, CLÉOFILE.

ALEXANDRE, à Taxile.

Seigneur, est-il donc vrai qu'une reine aveuglée
Vous préfère d'un roi la valeur déréglée ?
Mais ne le craignez point ; son empire est à vous ;
D'une ingrate à ce prix fléchissez le courroux.
Maitre des deux états, arbitre des siens mêmes,
Allez avec vos vœux offrir trois diadèmes.

TRAGEDIE.

TAXILE.
Ah! c'en est trop, seigneur, prodiguez un peu
 moins.....
ALEXANDRE.
Vous pourrez à loisir reconnaître mes soins.
Ne tardez point, allez où l'amour vous appelle,
Et couronnez vos feux d'une palme si belle.

SCÈNE VI.

ALEXANDRE, CLÉOFILE.

ALEXANDRE.
Madame, à son amour je promets mon appui :
Ne puis-je rien pour moi quand je puis tout pour
 lui ?
Si prodigue envers lui des fruits de la victoire,
N'en aurai-je pour moi qu'une stérile gloire.
Les sceptres devant vous ou rendus ou donnés,
De mes propres lauriers mes amis couronnés,
Les biens que j'ai conquis répandus sur leurs têtes,
Font voir que je soupire après d'autres conquêtes.
Je vous avais promis que l'effort de mon bras
M'approcherait bientôt de vos divins appas ;
Mais, dans ce même temps souvenez-vous, ma-
 dame,
Que vous me promettiez quelque place en votre
 ame.
Je suis venu : l'amour a combattu pour moi ;
La victoire elle-même a dégagé sa foi ;
Tout cède autour de vous, c'est à vous de vous
 rendre ;
Votre cœur l'a promis, voudra-t-il s'en défendre ?
Et lui seul porrrait-il échapper aujourd'hui
A l'ardeur d'un vainqueur qui ne cherche que lui ?
CLÉOFILE.
Non, je ne prétends pas que ce cœur inflexible
Garde seul contre vous le titre d'invincible ;
Je rends ce que je dois à l'éclat des vertus

ALEXANDRE,

Qui tiennent sous vos pieds cent peuples abattus.
Les Indiens domptés sont vos moindres ouvrages ;
Vous inspirez la crainte aux plus fermes courages ;
Et, quand vous le voudrez, vos bontés à leur tour,
Dans les cœurs les plus durs inspireront l'amour.
Mais, seigneur, cet éclat, ces victoires, ces charmes,
Me troublent bien souvent par de justes alarmes :
Je crains que satisfait d'avoir conquis un cœur,
Vous ne l'abandonniez à sa triste langueur ;
Qu'insensible à l'ardeur que vous aurez causée,
Votre ame ne dédaigne une conquête aisée.
On attend peu d'amour d'un héros tel que vous :
La gloire fit toujours vos transports les plus doux ;
Et peut-être, au moment que ce grand cœur soupire,
La gloire de me vaincre est tout ce qu'il désire.

ALEXANDRE.

Que vous connaissez mal les violens désirs
D'un amour qui vers vous porte tous ses soupirs !
J'avouerai qu'autrefois au milieu d'une armée,
Mon cœur ne soupirait qu'après la renommée ;
Les peuples et les rois devenus mes sujets,
Étaient seuls à mes vœux d'assez dignes objets.
Les beautés de la Perse à mes yeux présentées,
Aussi bien que ses rois ont paru surmontées :
Mon cœur d'un fier mépris armé contre leurs traits,
N'a pas du moindre hommage honoré leurs attraits;
Amoureux de la gloire et par-tout invincible,
Il mettait son bonheur à paraître insensible.
Mais hélas que vos yeux, ces aimables tyrans,
Ont produit sur mon cœur des effets différens !
Ce grand nom de vainqueur n'est plus ce qu'il souhaite ;
Il vient avec plaisir avouer sa défaite :
Heureux si, votre cœur se laissant émouvoir,
Vos beaux yeux à leur tour avouaient leur pouvoir !
Voulez-vous donc toujours douter de leur victoire,
Toujours de mes exploits me reprocher la gloire?

Comme si les beaux nœuds où vous me tenez pris,
Ne devaient arrêter que des faibles esprits.
Par des faits tout nouveaux je m'en vais vous apprendre
Tout ce que peut l'amour sur le cœur d'Alexandre :
Maintenant que mon bras engagé sous vos lois,
Doit soutenir mon nom et le vôtre à la fois,
J'irai rendre fameux par l'éclat de la guerre,
Des peuples inconnus au reste de la terre,
Et vous faire dresser des autels en des lieux
Où leurs sauvages mains en refusent aux dieux.
CLÉOFILE.
Oui, vous y traînerez la victoire captive ;
Mais je doute, seigneur, que l'amour vous y suive.
Tant d'états, tant de mers qui vont nous désunir,
M'effaceront bientôt de votre souvenir.
Quand l'océan troublé vous verra sur son onde
Achever quelque jour la conquête du monde,
Quand vous verrez les rois tomber à vos genoux,
Et la terre en tremblant se taire devant vous,
Songerez-vous, seigneur, qu'une jeune princesse
Au fond de ses états vous regrette sans cesse,
Et rappelle en son cœur les momens bienheureux
Où ce grand conquérant l'assurait de ses feux ?
ALEXANDRE.
Hé quoi ! vous croyez donc qu'à moi-même barbare
J'abandonne en ces lieux une beauté si rare ?
Mais vous-même plutôt voulez-vous renoncer
Au trône de l'Asie où je veux vous placer ?
CLÉOFILE.
Seigneur, vous le savez, je dépends de mon frère.
ALEXANDRE.
Ah ! s'il disposait seul du bonheur que j'espère,
Tout l'empire de l'Inde asservi sous ses lois
Bientôt en ma faveur irait briguer son choix.
CLÉOFILE.
Mon amitié pour lui n'est point intéressée.
Apaisez seulement une reine offensée ;
Et ne permettez pas qu'un rival aujourd'hui,

Pour vous avoir bravé, soit plus heureux que lui.
ALEXANDRE.
Porus était sans doute un rival magnanime:
Jamais tant de valeur n'attira mon estime.
Dans l'ardeur du cambat je l'ai vu, je l'ai joint,
Et je puis dire encor qu'il ne m'évitait point :
Nous nous cherchions l'un l'autre. Une fierté si belle
Allait entre nous deux finir notre querelle,
Lorsqu'un gros de soldats se jettant entre nous,
Nous a fait dans la foule ensevelir nos coups.

SCÈNE VII.

ALEXANDRE, CLÉOFILE, ÉPHESTION.

ALEXANDRE.
Hé bien ! ramène-t-on ce prince téméraire ?
ÉPHESTION.
On le cherche par-tout ; mais quoi qu'on puisse faire,
Seigneur, jusques ici sa fuite ou son trépas
Dérobe ce captif aux soins de vos soldats.
Mais un reste des siens entourés dans leur fuite,
Et du soldat vainqueur arrêtant la poursuite,
A nous vendre leur mort semble se préparer.
ALEXANDRE.
Désarmez les vaincus sans les désepérer.
Madame, allons fléchir une fière princesse,
Afin qu'à mon amour Taxile s'intéresse ;
Et puisque mon repos doit dépendre du sien,
Achevons son bonheur pour établir le mien.

Fin du troisième Acte.

ACTE IV.

SCENE PREMIERE.

AXIANE.

N'ENTENDRONS-NOUS jamais que des cris de victoire
Qui de mes ennemis me reprochent la gloire?
Et ne pourrai-je au moins, en de si grands malheurs,
M'entretenir moi seule aveccque mes douleurs?
D'un odieux amant sans-cesse poursuivie,
On prétend malgré moi m'attacher à la vie :
On m'observe, on me suit. Mais, Porus, ne crois pas
Qu'on me puisse empêcher de courir sur tes pas.
Sans doute à nos malheurs ton cœur n'a pu survivre:
En vain tant de soldats s'arment pour te poursuivre,
On te découvrirait au bruit de tes efforts;
Et s'il faut te chercher, ce n'est qu'entre les morts.
Hélas! en me quittant, ton ardeur redoublée
Semblait prévoir les maux dont je suis accablée,
Lorsque tes yeux, aux miens découvrant ta langueur,
Me demandaient quel rang tu tenais dans mon cœur;
Que, sans t'inquiéter du succès de tes armes,
Le soin de ton amour te causait tant d'alarmes.
Et pourquoi te cachais-je avec tant de détours
Un secret si fatal au repos de tes jours?
Combien de fois, tes yeux forçant ma résistance,
Mon cœur s'est-il vu près de rompre le silence.
Combien de fois, sensible à tes ardens désirs,

M'est-il en ta présence échappé des soupirs ?
Mais je voulais encor douter de ta victoire ;
J'expliquais mes soupirs en faveur de ta gloire ;
Je croyais n'aimer qu'elle. Ah ! pardonne, grand
 roi,
Je sens bien aujourd'hui que je n'aimais que toi.
J'avoûrai que la gloire eut sur moi quelque empire;
Je te l'ai dit cent fois : mais je devais te dire
Que toi seul, en effet, m'engageas sous ses lois.
J'appris à la connaître en voyant tes exploits ;
Et de quelque beau feu qu'elle m'eût enflammée,
En un autre que toi je l'aurais moins aimée.
Mais que sert de pousser des soupirs superflus
Qui se perdent en l'air et que tu n'entends plus ?
Il est temps que mon ame au tombeau descendue,
Te jure un amitié si long-temps attendue ;
Il est temps que mon cœur, pour gage de sa foi,
Montre qu'il n'a pu vivre un moment après toi.
Aussi-bien, pense-tu que je voulusse vivre
Sous les lois d'un vainqueur à qui ta mort nous
 livre ?
Je sais qu'il se dispose à me venir parler,
Qu'en me rendant mon sceptre il veut me consoler.
Il croit peut-être, il croit que ma haine étouffée
A sa fausse douceur servira de trophée !
Qu'il vienne. Il me verra toujours digne de toi,
Mourir en reine, ainsi que tu mourus en roi.

SCÈNE II.

ALEXANDRE, AXIANE.

AXIANE.

Hé bien, seigneur, hé bien, trouvez-vous quelques
 charmes
A voir couler des pleurs que font verser vos armes ?
Ou si vous m'enviez en l'état où je suis,
La triste liberté de pleurer mes ennuis ?

ALEXANDRE.

TRAGEDIE.

ALEXANDRE.
Votre douleur est libre autant que légitime:
Vous regrettez, madame, un prince magnanime.
Je fus son ennemi; mais je ne l'étais pas
Jusqu'à blâmer les pleurs qu'on donne à son trépas.
Avant que sur ses bords l'Inde me vit paraître,
L'éclat de sa vertu me l'avait fait connaître;
Entre les plus grands rois il se fit remarquer:
Je savais.....

AXIANE.
Pourquoi donc le venir attaquer?
Par quelle loi faut-il qu'aux deux bouts de la terre
Vous cherchiez la vertu pour lui faire la guerre?
Le mérite à vos yeux ne peut-il éclater
Sans pousser votre orgueil à le persécuter?

ALEXANDRE.
Oui, j'ai cherché Porus: mais quoiqu'on puisse dire,
Je ne le cherchais pas afin de le détruire.
J'avoûrai que brûlant de signaler mon bras,
Je me laissai conduire au bruit de ses combats,
Et qu'au seul nom d'un roi jusqu'alors invincible,
A de nouveaux exploits mon cœur devint sensible.
Tandis que je croyais par mes combats divers
Attacher sur moi seul les yeux de l'univers,
J'ai vu de ce guerrier la valeur répandue,
Tenir la renommée entre nous suspendue,
Et voyant de son bras voler partout l'effroi,
L'Inde sembla m'ouvrir un champ digne de moi.
Lassé de voir des rois vaincus sans résistance,
J'appris avec plaisir le bruit de sa vaillance:
Un ennemi si noble a su m'encourager;
Je suis venu chercher la gloire et le danger.
Son courage, madame, a passé mon attente:
La victoire à me suivre autrefois si constante,
M'a presque abandonné pour suivre vos guerriers.
Porus m'a disputé jusqu'aux moindres lauriers;
Et j'ose dire encor qu'en perdant la victoire,
Mon ennemi lui-même a vu croître sa gloire;

ALEXANDRE,

Qu'une chute si belle élève sa vertu,
Et qu'il ne voudrait pas n'avoir point combattu.

AXIANE.

Hélas! il fallait bien qu'une si noble envie
Lui fît abandonner tout le soin de sa vie,
Puisque de toutes parts trahi, persécuté,
Contre tant d'ennemis il s'est précipité.
Mais vous, s'il était vrai que son ardeur guerrière
Eût ouvert à la vôtre une illustre carrière,
Que n'avez-vous, seigneur, dignement combattu?
Fallait-il par la ruse attaquer sa vertu,
Et loin de remporter une gloire parfaite,
D'un autre que de vous attendre sa défaite?
Triomphez: mais sachez que Taxile en son cœur
Vous dispute déjà ce beau nom de vainqueur;
Que le traître se flatte, avec quelque justice,
Que vous n'avez vaincu que par son artifice.
Et c'est à ma douleur un spectacle assez doux
De le voir partager cette gloire avec vous.

ALEXANDRE.

En vain votre douleur s'arme contre ma gloire:
Jamais on ne m'a vu dérober la victoire,
Et par ces lâches soins, qu'on ne peut m'imputer,
Tromper mes ennemis au lieu de les dompter.
Quoique par-tout, ce semble, accablé sous le nombre,
Je n'ai pu me résoudre à me cacher dans l'ombre:
Ils n'ont de leur défaite accusé que mon bras,
Et le jour a par-tout éclairé mes combats.
Il est vrai que je plains le sort de vos provinces:
J'ai voulu prévenir la perte de vos princes;
Mais, s'ils avaient suivi mes conseils et mes vœux,
Je les aurais sauvés ou combattus tous deux.
Oui, croyez....

AXIANE.

      Je crois tout. Je vous crois invincible;
Mais, seigneur, suffit-il que tout vous soit possible?
Ne tient-il qu'à jeter tant de rois dans les fers,
Qu'à faire impunément gémir tout l'univers?

Et que vous avaient fait tant de villes captives,
Tant de morts dont l'Hydaspe a vu couvrir ses rives ?
Qu'ai-je fait, pour venir accabler en ces lieux
Un héros sur qui seul j'ai pu tourner les yeux ?
A-t-il de votre Grèce inondé les frontieres ?
Avons-nous soulevé des nations entieres,
Et contre votre gloire excité leur courroux ?
Hélas ! nous l'admirions sans en être jaloux.
Contens de nos états, et charmés l'un de l'autre,
Nous attendions un sort plus heureux que le vôtre :
Porus bornait ses vœux à conquérir un cœur
Qui peut-être aujourd'hui l'eût nommé son vainqueur.
Ah ! n'eussiez-vous versé qu'un sang si magnanime,
Quand on ne vous pourrait reprocher que ce crime,
Ne vous sentez-vous pas, seigneur, bien malheureux
D'être venu si loin rompre de si beaux nœuds ?
Non, de quelque douceur que se flatte votre ame,
Vous n'êtes qu'un tyran.
ALEXANDRE.
               Je le vois bien, madame,
Vous voulez que saisi d'un indigne courroux,
En reproches honteux j'éclate contre vous :
Peut-être espérez-vous que ma douceur lassée
Donnera quelque atteinte à sa gloire passée.
Mais quand votre vertu ne m'aurait point charmé,
Vous attaquer, madame, un vainqueur désarmé ;
Mon ame, malgré vous à vous plaindre engagée,
Respecte le malheur où vous êtes plongée.
C'est ce trouble fatal qui vous ferme les yeux,
Qui ne regarde en moi qu'un tyran odieux :
Sans lui vous avoûriez que le sang et les larmes
N'ont pas toujours souillé la gloire de mes armes ;
Vous verriez....
AXIANE.
         Ah, seigneur ! puis-je ne les point voir
Ces vertus dont l'éclat aigrit mon désespoir !

N'ai-je pas vu par-tout la victoire modeste
Perdre avec vous l'orgueil qui la rend si funeste?
Ne vois-je pas le Scyte et le Perse abattus,
Se plaire sous le joug et vanter vos vertus,
Et disputer enfin, par une aveugle envie,
A vos propres sujets le soin de votre vie?
Mais que sert à ce cœur que vous persécutez
De voir par-tout ailleurs adorer vos bontés?
Pensez-vous que ma haine en soit moins violente,
Pour voir baiser par-tout la main qui me tourmente?
Tant de rois par vos soins vengés ou secourus,
Tant de peuples contens, me rendent-ils Porus?
Non, seigneur, je vous hais d'autant plus qu'on vous aime,
D'autant plus qu'il me faut vous admirer moi-même;
Que l'univers entier m'en impose la loi,
Et que personne enfin ne vous hait avec moi.

ALEXANDRE.

J'excuse les transports d'une amitié si tendre.
Mais, madame, après tout, ils doivent me surprendre :
Si la commune voix ne m'a point abusé,
Porus d'aucun regard ne fut favorisé ;
Entre Taxile et lui votre cœur en balance,
Tant qu'ont duré ses jours a gardé le silence ;
Et lorsqu'il ne peut plus vous entendre aujourd'hui,
Vous commencez, madame, à prononcer pour lui.
Pensez-vous que sensible à cette ardeur nouvelle,
Sa cendre exige encor que vous brûliez pour elle ?
Ne vous accablez point d'inutiles douleurs ;
Des soins plus importans vous appellent ailleurs.
Vos larmes ont assez honoré sa mémoire ;
Régnez, et de ce rang soutenez mieux la gloire ;
Et redonnant le calme à vos sens désolés,
Rassurez vos états par sa chute ébranlés.
Parmi tant de grands rois choisissez-leur un maître.
Plus ardent que jamais, Taxile....

AXIANE.
Quoi ! le traître !.....
ALEXANDRE.
Hé ! de grace, prenez des sentimens plus doux ;
Aucune trahison ne le souille envers vous.
Maître de ses états, il a pu se résoudre
A se mettre avec eux à couvert de la foudre ;
Ni serment ni devoir ne l'avaient engagé
A courir dans l'abîme où Porus s'est plongé.
Enfin souvenez-vous qu'Alexandre lui-même
S'intéresse au bonheur d'un prince qui vous aime :
Songez que réunis par un si juste choix,
L'Inde et l'Hydaspe entiers couleront sous vos lois ;
Que pour vos intérêts tout vous sera facile
Quand je les verrai joins avec ceux de Taxile.
Il vient. Je ne veux point contraindre ses soupirs ;
Je le laisse lui-même expliquer ses désirs :
Ma présence à vos yeux n'est déjà que trop rude ;
L'entretien des amans cherche la solitude :
Je ne vous trouble point.

SCENE III.
AXIANE, TAXILE.
AXIANE.
Approche, puissant roi,
Grand monarque de l'Inde ; on parle ici de toi :
On veut en ta faveur combattre ma colère ;
On dit que tes désirs n'aspirent qu'à me plaire,
Que mes rigueurs ne font qu'affermir ton amour :
On fait plus, et l'on veut que je t'aime à mon tour.
Mais sais-tu l'entreprise où s'engage ta flamme ?
Sais-tu par quel secret on peut toucher mon ame ?
Est-tu prêt....
TAXILE.
Ah, madame, éprouvez seulement
Ce que peut sur mon cœur un espoir si charmant.
Que faut-il faire ?

AXIANE.
　　　　Il faut, s'il est vrai que l'on m'aime,
Aimer la gloire autant que je l'aime moi-même,
Ne m'expliquer ses vœux que par mille beaux faits,
Et haïr Alexandre autant que je le hais;
Il faut marcher sans crainte au milieu des alarmes;
Il faut combattre, vaincre, ou périr sous les armes.
Jette, jette les yeux sur Porus et sur toi,
Et juge qui des deux était digne de moi.
Oui, Taxile, mon cœur douteux en apparence,
D'un esclave et d'un roi faisait la différence.
Je l'aimai, je l'adore: et puisqu'un sort jaloux
Lui défend de jouir d'un spectacle si doux,
C'est toi que je choisis pour témoin de sa gloire:
Mes pleurs feront toujours revivre sa mémoire;
Toujours tu me verras au fort de mon ennui,
Mettre tout mon plaisir à te parler de lui.
　　　　　TAXILE.
Ainsi je brûle en vain pour une ame glacée,
L'image de Porus n'en peut être effacée:
Quand j'irais, pour vous plaire, affronter le trépas,
Je me perdrais, madame, et ne vous plairais pas.
Je ne puis donc.....
　　　　　AXIANE.
　　　　Tu peux recouvrer mon estime,
Dans le sang ennemi tu peux laver ton crime.
L'occasion te rit; Porus dans le tombeau
Rassemble ses soldats autour de son drapeau:
Son ombre seule encor semble arrêter leur fuite:
Les tiens même, les tiens, honteux de ta conduite,
Font lire sur leurs fronts justement courroucés,
Le repentir du crime où tu les as forcés:
Va seconder l'ardeur du feu qui les dévore;
Venge nos libertés qui respirent encore;
De mon trône et du tien deviens le défenseur,
Cours et donne à Porus un digne successeur....
Tu ne me réponds rien! Je vois sur ton visage
Qu'un si noble dessein étonne ton courage.
Je te propose en vain l'exemple d'un héros;

Tu veux servir, va, sers, et me laisse en repos.
TAXILE.
Madame, c'en est trop. Vous oubliez peut-être
Que, si vous m'y forcez, je puis parler en maitre;
Que je puis me lasser de souffrir vos dédains ;
Que vous et vos états, tout est entre mes mains ;
Qu'après tant de respects qui vous rendent plus
    fière,
Je pourrai....
AXIANE
    Je t'entends. Je suis ta prisonnière:
Tu veux peut-être encor captiver mes désirs,
Que mon cœur en tremblant réponde à tes soupirs.
Hé bien ! dépouille enfin cette douceur contrainte;
Appelle à ton secours la terreur et la crainte;
Parle en tyran tout prêt à me persécuter ;
Ma haine ne peut croître et tu peux tout tenter.
Sur-tout ne me fais point d'inutiles menaces.
Ta sœur vient t'inspirer ce qu'il faut que tu fasses.
Adieu. Si ses conseils et mes vœux en sont crus,
Tu m'aideras bientôt à rejoindre Porus.
TAXILE.
Ah ! plutôt....

SCÈNE IV.
TAXILE, CLÉOFILE.
CLÉOFILE.
    Ah ! quittez cette ingrate princesse,
Dont la haine a juré de nous troubler sans cesse,
Qui met tout son plaisir à vous désespérer.
Oubliez....
TAXILE.
    Non, ma sœur, je la veux adorer.
Je l'aime; et quand les vœux que je pousse pour
    elle
N'en obtiendraient jamais qu'une haine immortelle;
Malgré tous ses mépris, malgré tous vos discours,

Malgré moi-même il faut que je l'aime toujours.
Sa colère après tout n'a rien qui me surprenne ;
C'est à vous, c'est à moi qu'il faut que je m'en prenne.
Sans vous, sans vos conseils, ma sœur, qui m'ont trahi,
Si je n'étais aimé, je serais moins haï ;
Je la verrais, sans vous, par mes soins défendue,
Entre Porus et moi demeurer suspendue :
Et ne serait-ce pas un bonheur trop charmant
Que de l'avoir réduite à douter un moment ?
Non, je ne puis plus vivre accablé de sa haine ;
Il faut que je me jette aux pieds de l'inhumaine.
J'y cours ; je vais m'offrir à servir son courroux,
Même contre Alexandre et même contre vous.
Je sais de quelle ardeur vous brûlez l'un pour l'autre ;
Mais c'est trop oublier mon repos pour le vôtre ;
Et sans m'inquiéter du succès de vos feux,
Il faut que tout périsse, ou que je sois heureux.

CLÉOFILE.

Allez donc, retournez sur le champ de bataille ;
Ne laissez point languir l'ardeur qui vous travaille.
A quoi s'arrête ici ce courage inconstant ?
Courrez : on est aux mains ; et Porus vous attend.

TAXILE.

Quoi ! Porus n'est point mort ? Porus vient de paraître ?

CLÉOFILE.

C'est lui. De si grand coups le font trop reconnaître.
Il l'avait bien prévu : le bruit de son trépas
D'un vainqueur trop crédule a retenu le bras.
Il vient surprendre ici leur valeur endormie,
Troubler une victoire encor mal affermie.
Il vient, n'en doutez point, en amant furieux,
Enlever sa maîtresse, ou périr à ses yeux.
Que dis-je ? votre camp, séduit par cette ingrate,
Prêt à suivre Porus, en murmures éclate.
Allez vous-même, allez, en généreux amant,

TRAGEDIE.

Au secours d'un rival aimé si tendrement.
Adieu.

SCENE V.
TAXILE.

Quoi! la fortune obstinée à me nuire
Ressuscite un rival armé pour me détruire!
Cet amant reverra les yeux qui l'ont pleuré,
Qui tout mort qu'il était me l'avaient préféré!
Ah! c'en est trop. Voyons ce que le sort m'apprête,
A qui doit demeurer cette noble conquête.
Allons. Nattendons pas, dans un lâche courroux,
Qu'un si grand différent se termine sans nous.

Fin du quatrième Acte.

ACTE V.

SCÈNE PREMIÈRE.
ALEXANDRE, CLÉOFILE.

ALEXANDRE.
Quoi! vous craignez Porus même après sa défaite!
Ma victoire à vos yeux semblait-elle imparfaite?
Non, non, c'est un captif qui n'a pu m'échapper,
Que mes ordres par-tout ont fait envelopper.
Loin de le craindre encor, ne songez qu'à le plaindre.

CLÉOFILE.
Et c'est en cet état que Porus est à craindre.
Quelque brave qu'il fût, le bruit de sa valeur
M'inquiétait bien moins que ne fait son malheur.
Tant qu'on l'a vu suivi d'une puissante armée,
Ses forces, ses exploits ne m'ont point alarmée :
Mais, seigneur, c'est un roi malheureux et soumis;
Et dès-lors je le compte au rang de vos amis.

ALEXANDRE.
C'est un rang où Porus n'a plus droit de prétendre;
Il a trop recherché la haine d'Alexandre.
Il sait bien qu'à regret je m'y suis résolu ;
Mais enfin je le hais autant qu'il l'a voulu.
Je dois même un exemple au reste de la terre ;
Je dois venger sur lui tous les maux de la guerre ;
Le punir des malheurs qu'il a pu prévenir,
Et de m'avoir forcé moi même à le punir.
Vaincu deux fois, haï de ma belle princesse....

CLÉOFILE.
Je ne hais point Porus, seigneur, je le confesse;
Et s'il m'était permis d'écouter aujourd'hui
La voix de ses malheurs qui me parle pour lui,

Je vous dirai qu'il fut le plus grand de nos princes,
Que son bras fut long-temps l'appui de nos provinces ;
Qu'il a voulu peut-être, en marchant contre vous,
Qu'on le crût digne au moins de tomber sous vos coups,
Et qu'un même combat signalant l'un et l'autre,
Son nom volât partout à la suite du vôtre.
Mais si je le défends, des soins si généreux
Retombent sur mon frère et détruisent ses vœux.
Tant que Porus vivra, que faut-il qu'il devienne ?
Sa perte est infaillible, et peut-être la mienne.
Oui, oui, si mon amour ne peut rien obtenir,
Il m'en rendra coupable et m'en voudra punir.
Et maintenant encor que votre cœur s'apprête
A voler de nouveau de conquête en conquête ;
Quand je verrai le Gange entre mon frère et vous,
Qui retiendra, seigneur, son injuste courroux ?
Mon ame, loin de vous, languira solitaire.
Hélas ! s'il condamnait mes soupirs à se taire,
Que deviendrait alors ce cœur infortuné ?
Où sera le vainqueur à qui je l'ai donné ?

ALEXANDRE.

Ah ! c'en est trop, madame, et si ce cœur se donne,
Je saurai le garder, quoique Taxile ordonne,
Bien mieux que tant d'états qu'on m'a vu conquérir,
Et que je n'ai gardés que pour vous les offrir.
Encore une victoire, et je reviens, madame,
Borner toute ma gloire à régner sur mon ame,
Vous obéir moi-même et mettre entre vos mains
Le destin d'Alexandre et celui des humains.
Le Mallien m'attend, prêt à me rendre hommage.
Si près de l'Océan, que faut-il davantage
Que d'aller me montrer à ce fier élément
Comme vainqueur du monde, et comme votre amant ?
Alors.....

ALEXANDRE,

CLÉOFILE.

Mais quoi! seigneur, toujours guerre sur guerre?
Cherchez-vous des sujets au-delà de la terre?
Voulez-vous pour témoins de vos faits éclatans
Des pays inconnus même à leurs habitans?
Qu'espérez-vous combattre en des climats si rudes?
Ils vous opposeront de vastes solitudes,
Des déserts que le ciel refuse d'éclairer,
Où la nature semble elle même expirer.
Et peut-être le sort dont la secrète envie
N'a pu cacher le cours d'une si belle vie,
Vous attend dans ces lieux, et veut que dans l'oubli
Votre tombeau du moins demeure enseveli.
Pensez-vous y traîner les restes d'une armée
Vingt fois renouvelée et vingt fois consumée?
Vos soldats dont la vue excite la pitié,
D'eux-mêmes en cent lieux ont laissé la moitié ;
Et leurs gémissemens vous font assez connaître....

ALEXANDRE.

Ils marcheront, madame, et je n'ai qu'à paraître:
Ces cœurs qui dans un camp, d'un vain plaisir déçus,
Comptent en murmurant les coups qu'ils ont reçus,
Revivront pour me suivre, et blâmant leurs murmures,
Brigueront à mes yeux de nouvelles blessures.
Cependant de Taxile appuyons les soupirs:
Son rival ne peut plus traverser ses désirs.
Je vous l'ai dit, madame, et j'ose encor vous dire...

CLÉOFILE.

Seigneur, voici la reine.

SCÈNE II.

ALEXANDRE, AXIANE, CLÉOFILE.

ALEXANDRE.

Hé bien, Porus respire.
Le ciel semble, madame, écouter vos souhaits;
Il vous le rend....

AXIANE.

Hélas! il me l'ôte à jamais!
Aucun reste d'espoir ne peut flatter ma peine;
Sa mort était douteuse, elle devient certaine:
Il y court, et peut-être il ne s'y vient offrir
Que pour me voir encore et pour me secourir.
Mais que ferait-il seul contre toute une armée?
En vain ses grands efforts l'ont d'abord alarmée;
En vain quelques guerriers qu'anime son grand
　　cœur,
Ont ramené l'effroi dans le camp du vainqueur,
Il faut bien qu'il succombe, et qu'enfin son cou-
　　rage
Tombe sur tant de morts qui ferment son passage.
Encor, si je pouvais, en sortant de ces lieux,
Lui montrer Axiane et mourir à ses yeux!
Mais Taxile m'enferme, et cependant le traître
Du sang de ce héros est allé se repaître;
Dans les bras de la mort il le va regarder,
Si toutefois encore il ose l'aborder.

ALEXANDRE.

Non, madame, mes soins ont assuré sa vie:
Son retour va bientôt contenter votre envie.
Vous le verrez.

AXIANE.

Vos soins s'étendraient jusqu'à lui!
Le bras qui l'accablait deviendrait son appui!
J'attendrais son salut de la main d'Alexandre!
Mais quel miracle enfin n'en dois-je point attendre?
Je m'en souviens, seigneur, vous me l'avez promis,

Qu'Alexandre vainqueur n'avait plus d'ennemis.
Ou plutôt ce guerrier ne fut jamais le vôtre:
La gloire également vous arma l'un et l'autre.
Contre un si grand courage il voulut s'éprouver ;
Et vous ne l'attaquiez qu'afin de le sauver.
ALEXANDRE.
Ses mépris redoublés qui bravent ma colère
Mériteraient sans doute un vainqueur plus sévère ;
Son orgueil en tombant semble s'être affermi ;
Mais je veux bien cesser d'être son ennemi ;
J'en dépouille, madame, et la haine et le titre,
De mes ressentimens je fais Texile arbitre :
Seul il peut à son choix le perdre ou l'épargner,
Et c'est lui seul enfin que vous devez gagner.
AXIANE.
Moi j'irais à ses pieds mendier un asile !
Et vous me renvoyez aux bontés de Taxile !
Vous voulez que Porus cherche un appui si bas ?
Ah, seigneur ! votre haine a juré son trépas.
Non, vous ne le cherchiez qu'afin de le détruire.
Qu'une ame généreuse est facile à séduire !
Déjà mon cœur crédule oubliant son courroux,
Admirait des vertus qui ne sont point en vous.
Armez-vous donc, seigneur, d'une valeur cruelle,
Ensanglantez la fin d'une course si belle :
Après tant d'ennemis qu'on vous vit relever,
Perdez le seul enfin que vous deviez sauver.
ALEXANDRE.
Hé bien, aimez Porus sans détourner sa perte ;
Refusez la faveur qui vous était offerte ;
Soupçonnez ma pitié d'un sentiment jaloux,
Mais enfin s'il périt n'en accusez que vous.
Le voici : je veux bien le consulter lui même :
Que Porus de son sort soit l'arbitre suprême.

TRAGÉDIE.

SCÈNE III.

ALEXANDRE, PORUS, AXIANE,
CLÉOFILE, ÉPHESTION,
GARDES D'ALEXANDRE.

ALEXANDRE.

Hé bien, de votre orgueil, Porus, voilà le fruit!
Où sont ces beaux succès qui vous avaient séduit?
Cette fierté si haute est enfin abaissée.
Je dois une victime à ma gloire offensée:
Rien ne vous peut sauver. Je veux bien toutefois
Vous offrir un pardon refusé tant de fois.
Cette reine, elle seule à mes bontés rebelle,
Aux dépens de vos jours veut vous être fidelle,
Et que sans balancer vous mourriez seulement
Pour porter au tombeau le nom de son amant.
N'achetez point si cher une gloire inutile:
Vivez, mais consentez au bonheur de Taxile.

PORUS.

Taxile!

ALEXANDRE.

Oui.

PORUS.

Tu fais bien, et j'approuve tes soins;
Ce qu'il a fait pour toi ne mérite pas moins.
C'est lui qui m'a des mains arraché la victoire;
Il t'a donné sa sœur, il t'a vendu sa gloire,
Il t'a livré Porus, que feras-tu jamais
Qui te puisse acquitter d'un seul de ses bienfaits?
Mais j'ai su prévenir le soin qui te travaille:
Va le voir expirer sur le champ de bataille.

ALEXANDRE.

Quoi! Taxile!

CLÉOFILE.

Qu'entends-je!

ÉPHESTION.

Oui, seigneur, il est mort;

Il s'est livré lui-même aux rigueurs de son sort.
Porus était vaincu, mais au lieu de se rendre,
Il semblait attaquer et non pas se défendre.
Ses soldats à ses pieds étendus et mourans,
Le mettaient à l'abri de leurs corps expirans.
Là, comme dans un fort, son audace enfermée
Se soutenait encor contre toute une armée ;
Et d'un bras qui portait la terreur et la mort,
Aux plus hardis guerriers en défendait l'abord.
Je l'épargnais toujours. Sa vigueur affaiblie,
Bientôt en mon pouvoir aurait laissé sa vie,
Quand sur le champ fatal Taxile est descendu.
» Arrêtez, c'est à moi que ce captif est dû.
» C'en est fait, a-t-il dit, et ta perte est certaine ;
» Porus, il faut périr ou me céder la reine. »
Porus, à cette voix ranimant son courroux,
A relevé ce bras lassé de tant de coups ;
Et cherchant son rival d'un air fier et tranquille :
» N'entends-je pas, dit-il, l'infidelle Taxile,
» Ce traître à sa patrie, à sa maîtresse, à moi ?
» Viens, lâche, poursuit-il ; Axiane est à toi :
» Je veux bien te céder cette illustre conquête,
» Mais il faut que ton bras l'emporte avec ma tête.
» Approche. » A ce discours ces rivaux irrités
L'un sur l'autre à la fois se sont précipités.
Nous nous sommes en foule opposés à leur rage ;
Mais Porus parmi nous court et s'ouvre un passage,
Joint Taxile, le frappe et lui perçant le cœur,
Content de sa victoire, il se rend au vainqueur.

CLÉOFILE.
Seigneur, c'est donc à moi de répandre des larmes ?
C'est sur moi qu'est tombé tous le faix de vos armes.
Mon frère a vainement recherché votre appui,
Et votre gloire, hélas ! n'est funeste qu'à lui.
Que lui sert au tombeau l'amitié d'Alexandre ?
Sans le venger, seigneur, l'y verrez-vous descen-
　　dre ?
Souffrirez-vous qu'après l'avoir percé de coups
On en triomphe aux yeux de sa sœur et de vous ?

TRAGEDIE.

AXIANE.
Oui, seigneur, écoutez les pleurs de Cléofile.
Je la plains, elle a droit de regretter Taxile:
Tous ses efforts en vain l'ont voulu conserver;
Elle en a fait un lâche, et ne l'a pu sauver.
Ce n'est point que Porus ait attaqué son frère;
Il s'est offert lui-même à sa juste colère.
Au milieu du combat que venait-il chercher?
Au courroux du vainqueur venait-il l'arracher?
Il venait accabler dans son malheur extrême
Un roi que respectait la victoire elle-même
Mais pourquoi vous ôter un prétexte si beau?
Que voulez-vous de plus? Taxile est au tombeau:
Immolez-lui, seigneur, cette grande victime;
Vengez-vous. Mais songez que j'ai part à son crime.
Oui, oui, Porus, mon cœur n'aime point à demi;
Alexandre le sait, Taxile en a gémi:
Vous seul vous l'ignoriez, mais ma joie est extrême
De pouvoir en mourant vous le dire à vous-même.

PORUS.
Alexandre, il est temps que tu sois satisfait.
Tout vaincu que j'étais, tu vois ce que j'ai fait:
Crains Porus, crains encor cette main désarmée
Qui venge sa défaite au milieu d'une armée.
Mon nom peut soulever de nouveaux ennemis,
Et réveiller cent rois dans leurs fers endormis.
Étouffe dans mon sang ces semences de guerre;
Va vaincre en sûreté le reste de la terre.
Aussi-bien n'attends pas qu'un cœur comme le mien
Reconnaisse un vainqueur, et te demande rien.
Parle: et sans espérer que je blesse ma gloire,
Voyons comme tu sais user de la victoire.

ALEXANDRE.
Votre fierté, Porus, ne se peut abaisser;
Jusqu'au dernier soupir vous m'osez menacer.
En effet, ma victoire en doit être alarmée,
Votre nom peut encor plus que toute une armée:
Je m'en dois garantir. Parlez donc, dites-moi

Comment vous prétendez que je vous traite.
PORUS.
En roi.
ALEXANDRE.
Hé bien! c'est donc en roi qu'il faut que je vous
  traite ;
Je ne laisserai point ma victoire imparfaite ;
Vous l'avez souhaité, vous ne vous plaindrez pas :
Régnez toujours, Porus, je vous rends vos états.
Avec mon amitié recevez Axiane :
A des liens si doux tous deux je vous condamne.
Vivez, régnez tous deux, et seuls de tant de rois,
Jusques aux bords du Gange allez donner vos lois.
   (à *Cléofile*.)
Ce traitement, madame, a droit de vous sur-
  prendre,
Mais enfin c'est ainsi que se venge Alexandre.
Je vous aime ; et mon cœur, touché de vos sou-
  pirs,
Voudrait par mille morts venger vos déplaisirs.
Mais vous-même pourriez prendre pour une of-
  fense
La mort d'un ennemi qui n'est plus en défense :
Il en triompherait ; et bravant ma rigueur,
Porus dans le tombeau descendrait en vainqueur.
Souffrez que jusqu'au bout achevant ma carrière,
J'apporte à vos beaux yeux ma vertu toute entière.
Laissez régner Porus couronné par mes mains,
Et commandez vous-même au reste des humains.
Prenez les sentimens que ce rang vous inspire ;
Faites dans sa naissance admirer votre empire ;
Et regardant l'éclat qui se répand sur vous,
De la sœur de Taxile oubliez le courroux.
AXIANE.
Oui, madame, régnez, et souffrez que moi-même
J'admire le grand cœur d'un héros qui vous aime.
Aimez, et possédez l'avantage charmant
De voir toute la terre adorer votre amant.

PORUS.

Seigneur, jusqu'à ce jour l'univers en alarmes
Me forçait d'admirer le bonheur de vos armes ;
Mais rien ne me forçait en ce commun effroi
De reconnaître en vous plus de vertus qu'en moi.
Je me rends ; je vous cède une pleine victoire ;
Vos vertus, je l'avoue, égalent votre gloire.
Allez, seigneur, rangez l'univers sous vos lois,
Il me verra moi-même appuyer vos exploits.
Je vous suis et je crois devoir tout entreprendre
Pour lui donner un maître aussi grand qu'Alexandre.

CLÉOFILE.

Seigneur, que vous peut dire un cœur triste, abattu ?
Je ne murmure point contre votre vertu :
Vous rendez à Porus la vie et la couronne ;
Je veux croire qu'ainsi votre gloire l'ordonne.
Mais ne me pressez point : en l'état où je suis,
Je ne puis que me taire et pleurer mes ennuis.

ALEXANDRE.

Oui, madame, pleurons un ami si fidelle,
Faisons en soupirant éclater notre zèle ;
Et qu'un tombeau superbe instruise l'avenir
Et de votre douleur et de mon souvenir.

FIN D'ALEXANDRE LE GRAND.

ANDROMAQUE,

TRAGÉDIE.

1667.

PERSONNAGES.

ANDROMAQUE, Veuve d'Hector, captive de Pyrrhus.

PYRRHUS, Fils d'Achille, Roi d'Épire.

ORESTE, Fils d'Agamemnon, amant d'Hermione.

HERMIONE, Fille d'Hélène, accordée avec Pyrrhus.

PYLADE, Ami d'Oreste.

CLÉONE, Confidente d'Hermione.

CÉPHISE, Confidente d'Andromaque.

PHŒNIX, Gouverneur d'Achille, et ensuite de Pyrrhus.

SUITE D'ORESTE.

La scène est à Buthrote, ville d'Épire, dans une salle du palais de Pyrrhus.

ANDROMAQUE,
TRAGÉDIE.

ACTE PREMIER.

SCÈNE PREMIÈRE.

ORESTE, PYLADE.

ORESTE.

Oui, puisque je retrouve un ami si fidelle,
Ma fortune va prendre une face nouvelle ;
Et déja son courroux semble s'être adouci
Depuis qu'elle a pris soin de nous rejoindre ici.
Qui l'eût dit, qu'un rivage à mes yeux si funeste,
Présenterait d'abord Pylade aux yeux d'Oreste ;
Qu'après plus de six mois que je t'avais perdu,
A la cour de Pyrrhus tu me serais rendu ?

PYLADE.

J'en rends graces au ciel, qui m'arrêtant sans cesse,
Semblait m'avoir fermé le chemin de la Grèce,
Depuis le jour fatal que la fureur des eaux
Presque aux yeux de l'Épire écarta nos vaisseaux.
Combien dans cet exil ai-je souffert d'alarmes ;
Combien à vos malheurs ai-je donné des larmes,
Craignant toujours pour vous quelque nouveau danger
Que ma triste amitié ne pouvait partager.
Sur-tout je redoutais cette mélancolie
Où j'ai vu si long-temps votre ame ensevelie :
Je craignais que le ciel par un cruel secours,
Ne vous offrît la mort que vous cherchiez toujours.
Mais je vous vois, seigneur, et si j'ose le dire,

Un destin plus heureux vous conduit en Epire :
Le pompeux appareil qui suit ici vos pas
N'est point d'un malheureux qui cherche le trépas.

ORESTE.

Hélas ! qui peut savoir le destin qui m'amène ?
L'amour me fait ici chercher une inhumaine :
Mais qui sait ce qu'il doit ordonner de mon sort,
Et si je viens chercher ou la vie ou la mort ?

PYLADE.

Quoi ! votre ame à l'amour en esclave asservie
Se repose sur lui du soin de votre vie?
Par quel charme oubliant tant de tourmens souf-
 ferts,
Pouvez-vous consentir à rentrer dans ses fers ?
Pensez-vous qu'Hermione à Sparte inexorable,
Vous prépare en Epire un sort plus favorable?
Honteux d'avoir poussé tant de vœux superflus,
Vous l'abhorriez : enfin vous ne m'en parliez plus.
Vous me trompiez, seigneur.

ORESTE.

     Je me trompais moi-même.
Ami, n'accable point un malheureux qui t'aime ;
T'ai-je jamais caché mon cœur et mes désirs ?
Tu vis naître ma flamme et mes premiers soupirs :
Enfin, quand Ménélas disposa de sa fille
En faveur de Pyrrus vengeur de sa famille,
Tu vis mon désespoir ; et tu m'as vu depuis
Traîner de mers en mers ma chaîne et mes ennuis.
Je te vis à regret, en cet état funeste,
Prêt à suivre par-tout le déplorable Oreste,
Toujours de ma fureur interrompre le cours,
Et de moi-même enfin me sauver tous les jours.
Mais quand je me souvins, que parmi tant d'alar-
 mes,
Hermione à Pyrrhus prodiguait tous ses charmes,
Tu sais de quel courroux mon cœur alors épris,
Voulut en l'oubliant punir tous ses mépris.
Je fis croire et je crus ma victoire certaine ;

Je

Je pris tous mes transports pour des transports de haine :
Détestant ses rigueurs, rabaissant ses attraits,
Je défiais ses yeux de me troubler jamais.
Voilà comme je crus étouffer ma tendresse.
En ce calme trompeur j'arrivai dans la Grèce ;
Et je trouvai d'abord ses princes rassemblés,
Qu'un péril assez grand semblait avoir troublés.
J'y courus. Je pensai que la guerre et la gloire
De soins plus importans rempliraient ma mémoire;
Que mes sens reprenant leur première vigueur,
L'amour acheverait de sortir de mon cœur.
Mais admire avec moi le sort dont la poursuite
Me fait courir alors au piège que j'évite.
J'entends de tous côtés qu'on menace Pyrrhus ;
Toute la Grèce éclatte en murmures confus :
On se plaint qu'oubliant son sang et sa promesse,
Il élève en sa cour l'ennemi de la Grèce,
Astyanax, d'Hector jeune et malheureux fils,
Reste de tant de rois sous Troie ensevelis.
J'apprends que pour ravir son enfance au supplice,
Andromaque trompa l'ingénieux Ulysse,
Tandis qu'un autre enfant arraché de ses bras
Sous le nom de son fils fut conduit au trépas.
On dit que peu sensible aux charmes d'Hermione,
Mon rival porte ailleurs son cœur et sa couronne.
Ménélas, sans le croire, en paraît affligé,
Et se plaint d'un hymen si long-temps négligé.
Parmi les déplaisirs où son ame se noie,
Il s'élève en la mienne une secrète joie :
Je triomphe ; et pourtant je me flatte d'abord
Que la seule vengeance excite ce tranport.
Mais l'ingrate en mon cœur reprit bientôt sa place ;
De mes feux mal éteins je reconnus la trace ;
Je sentis que ma haine allait finir son cours,
Ou plutôt je sentis que je l'aimais toujours.
Ainsi de tous les Grecs je brigue le suffrage.
On m'envoye à Pyrrhus : j'entreprends ce voyage.
Je viens voir si l'on peut arracher de ses bras

Cet enfant dont la vie alarme tant d'états.
Heureux si je pouvais dans l'ardeur qui me presse,
Au lieu d'Astyanax lui ravir la princesse !
Car enfin n'attends pas que mes feux redoublés
Des périls les plus grands puissent être troublés.
Puisqu'après tant d'efforts ma résistance est vaine,
Je me livre en aveugle au tranport qui m'entraîne.
J'aime, je viens chercher Hermione en ces lieux,
La fléchir, l'enlever, ou mourir à ses yeux.
Toi qui connais Pyrrhus, que penses-tu qu'il fasse ?
Dans sa cour, dans son cœur, dis-moi ce qui se passe.
Mon Hermione encor le tient-elle asservi ?
Me rendra-t-il, Pylade, un bien qu'il m'a ravi ?

PYLADE.

Je vous abuserais si j'osais vous promettre
Qu'entre vos mains, seigneur, il voulût la remettre :
Non que de sa conquête il paraisse flatté.
Pour la veuve d'Hector ses feux ont éclaté ;
Il l'aime, mais enfin cette veuve inhumaine
N'a payé jusqu'ici son amour que de haine ;
Et chaque jour encore on lui voit tout tenter
Pour fléchir sa captive ou pour l'épouvanter.
De son fils qu'il lui cache il menace la tête,
Et fait couler des pleurs qu'aussitôt il arrête.
Hermione elle-même a vu plus de cent fois
Cet amant irrité revenir sous ses lois,
Et de ses vœux troublés lui rapportant l'hommage,
Soupirer à ses pieds moins d'amour que de rage.
Ainsi n'attendez pas que l'on puisse aujourd'hui
Vous repondre d'un cœur si peu maître de lui :
Il peut, seigneur, il peut, dans ce désordre extrême,
Épouser ce qu'il hait et perdre ce qu'il aime.

ORESTE.

Mais dis-moi de quel œil Hermione peut voir
Son hymen différé, ses charmes sans pouvoir.

PYLADE.

Hermione, seigneur, au moins en apparence,
Semble de son amant dédaigner l'inconstance,
Et croit que trop heureux de fléchir sa rigueur,
Il la viendra presser de reprendre son cœur.
Mais je l'ai vue enfin me confier ses larmes :
Elle pleure en secret le mépris de ses charmes ;
Toujours prête à partir et demeurant toujours,
Quelquefois elle appelle Oreste à son secours.

ORESTE.

Ah ! si je le croyais, j'irais bientôt, Pylade,
Me jeter.....

PYLADE.

Achevez, seigneur, votre ambassade.
Vous attendez le roi. Parlez, et lui montrez
Contre le fils d'Hector tous les Grecs conjurés ;
Loin de leur accorder ce fils de sa maitresse,
Leur haine ne fera qu'irriter sa tendresse :
Plus on les veut brouiller, plus on va les unir.
Pressez, demandez tout pour ne rien obtenir.
Il vient.....

ORESTE.

Hé bien, va donc disposer la cruelle
A revoir un amant qui ne vient que pour elle.

SCENE II.

PYRRHUS, ORESTE, PHŒNIX.

ORESTE.

Avant que tous les Grecs vous parlent par ma voix,
Souffrez que j'ose ici me flatter de leurs choix,
Et qu'à vos yeux, seigneur, je montre quelque joie
De voir le fils d'Achille et le vainqueur de Troie.
Oui, comme ses exploits nous admirons vos coups ;
Hector tomba sous lui, Troie expira sous vous,
Et vous avez montré, par une heureuse audace
Que le fils seul d'Achille a pu remplir sa place.

Mais, ce qu'il n'eût point fait, la Grèce avec dou-
leur
Vous voit du sang troyen relever le malheur,
Et vous laissant toucher d'une pitié funeste,
D'une guerre si longue entretenir le reste.
Ne vous souvient-il plus, seigneur, quel fut Hec-
tor?
Nos peuples affaiblis s'en souviennent encor.
Son nom seul fait frémir nos veuves et nos filles,
Et dans toute la Grèce il n'est pas de familles
Qui ne demandent compte à ce malheureux fils
D'un père ou d'un époux qu'Hector leur a ravis.
Et qui sait ce qu'un jour ce fils peut entreprendre?
Peut-être dans nos ports nous le verrons descen-
dre,
Tel qu'on a vu son père embraser nos vaisseaux,
Et, la flamme à la main, les suivre sur les eaux.
Oserai-je, seigneur, dire ce que je pense?
Vous-même de vos soins craignez la recompense,
Et que dans votre sein ce serpent élevé
Ne vous punisse un jour de l'avoir conservé.
Enfin de tous les Grecs satisfaites l'envie,
Assurez leur vengeance, assurez votre vie :
Perdez un ennemi d'autant plus dangereux
Qu'il s'essaiera sur vous à combattre contre eux.

PYRRHUS.

La Grèce en ma faveur est trop inquiétée :
De soins plus importans je l'ai crue agitée,
Seigneur; et sur le nom de son ambassadeur,
J'avais dans ses projets conçu plus de grandeur.
Qui croirait en effet qu'une telle entreprise
Du fils d'Agamemnon méritât l'entremise ;
Qu'un peuple tout entier tant de fois triomphant,
N'eût daigné conspirer que la mort d'un enfant?
Mais à qui prétend-on que je le sacrifie?
La Grèce a-t-elle encor quelque droit sur sa vie?
Et seul de tous les Grecs ne m'est-il pas permis
D'ordonner des captifs que le sort m'a soumis?

Oui, seigneur, lorsqu'au pied des murs fumans de Troie
Les vainqueurs tout sanglans partagèrent leur proie,
Le sort, dont les arrêts furent alors suivis,
Fit tomber en mes mains Andromaque et son fils.
Hécube près d'Ulysse acheva sa misère ;
Cassandre dans Argos a suivi votre père :
Sur eux, sur leurs captifs ai-je étendu mes droits ?
Ai-je enfin disposé du fruit de leurs exploits ?
On craint qu'avec Hector Troie un jour ne renaisse ;
Son fils peut me ravir le jour que je lui laisse !
Seigneur, tant de prudence entraîne trop de soin ;
Je ne sais point prévoir les malheurs de si loin.
Je songe quelle était autrefois cette ville
Si superbe en remparts, en héros si fertile,
Maîtresse de l'Asie ; et je regarde enfin
Quel fut le sort de Troie et quel est son destin :
Je ne vois que des tours que la cendre a couvertes,
Un fleuve teint de sang, des campagnes désertes,
Un enfant dans les fers, et je ne puis songer
Que Troie en cet état aspire à se venger.
Ah ! si d'un fils d'Hector la perte était jurée,
Pourquoi d'un an entier l'avons-nous différée ?
Dans le sein de Priam n'a-t-on pu l'immoler ?
Sous tant de morts, sous Troie, il fallait l'accabler.
Tout était juste alors : la vieillesse et l'enfance
En vain sur leur faiblesse appuyaient leur défense ;
La victoire et la nuit, plus cruelles que nous,
Nous excitaient au meurtre et confondaient nos coups.
Mon courroux aux vaincus ne fut que trop sévère.
Mais que ma cruauté survive à ma colère ?
Que malgré la pitié dont je me sens saisir,
Dans le sang d'un enfant je me baigne à loisir ?
Non, seigneur. Que les Grecs cherchent quelqu'autre proie ;
Qu'ils poursuivent ailleurs ce qui reste de Troie :
De mes inimitiés le cours est achevé ;

L'Épire sauvera ce que Troie a sauvé.

ORESTE.

Seigneur, vous savez trop avec quel artifice
Un faux Astyanax fut offert au supplice
Où le seul fils d'Hector devait être conduit.
Ce n'est pas les Troyens, c'est Hector qu'on poursuit.
Oui, les Grecs sur le fils persécutent le père ;
Il a par trop de sang acheté leur colère :
Ce n'est que dans le sien qu'elle peut expirer,
Et jusque dans l'Épire il les peut attirer.
Prévenez-les.

PYRRHUS.

Non, non, j'y consens avec joie ;
Qu'ils cherchent dans l'Épire une seconde Troie ;
Qu'ils confondent leur haine, et ne distinguent plus
Le sang qui les fit vaincre, et celui des vaincus.
Aussi-bien ce n'est pas la première injustice
Dont la Grèce d'Achille a payé le service.
Hector en profita, seigneur, et quelque jour
Son fils en pourrait bien profiter à son tour.

ORESTE.

Ainsi la Grèce en vous trouve un enfant rebelle ?

PYRRHUS.

Et je n'ai donc vaincu que pour dépendre d'elle ?

ORESTE.

Hermione, seigneur, arrêtera vos coups :
Ses yeux s'opposeront entre son père et vous.

PYRRHUS.

Hermione, seigneur, peut m'être toujours chère ;
Je puis l'aimer sans être esclave de son père ;
Et je saurai peut-être accorder quelque jour
Les soins de ma grandeur et ceux de mon amour.
Vous pouvez cependant voir la fille d'Hélène ;
Du sang qui vous unit je sais l'étroite chaîne.
Après cela, seigneur, je ne vous retiens plus,
Et vous pourrez aux Grecs annoncer mon refus.

SCÈNE III.

PYRRHUS, PHŒNIX.

PHŒNIX.
Ainsi vous l'envoyez aux pieds de sa maîtresse !
PYRRHUS.
On dit qu'il a long-temps brûlé pour la princesse.
PHŒNIX.
Mais si ce feu, seigneur, vient à se rallumer ;
S'il lui rendait son cœur, s'il s'en fesait aimer ?
PYRRHUS.
Ah ! qu'ils s'aiment, Phœnix, j'y consens ; qu'elle parte ;
Que, charmés l'un de l'autre, ils retournent à Sparte :
Tous nos ports sont ouverts et pour elle et pour lui.
Qu'elle m'épargnerait de contrainte et d'ennui !
PHŒNIX.
Seigneur....
PYRRHUS.
Une autre fois je t'ouvrirai mon ame ;
Andromaque paraît.

SCÈNE IV.

ANDROMAQUE, PYRRHUS, CEPHISE, PHŒNIX.

PYRRHUS.
Me cherchiez-vous, madame !
Un espoir si charmant me serait-il permis ?
ANDROMAQUE.
Je passais jusqu'aux lieux où l'on garde mon fils.
Puisqu'une fois le jour vous souffrez que je voie
Le seul bien qui me reste et d'Hector et de Troie,
J'allais, seigneur, pleurer un moment avec lui :

ANDROMAQUE,

Je ne l'ai point encore embrassé d'aujourd'hui.
PYRRHUS.
Ah, madame, les Grecs, si j'en crois leurs alarmes,
Vous donneront bientôt d'autres sujets de larmes.
ANDROMAQUE.
Et quelle est cette peur dont leur cœur est frappé,
Seigneur? Quelque Troyen vous est-il échappé?
PYRRHUS.
Leur haine pour Hector n'est pas encore éteinte:
Ils redoutent son fils.
ANDROMAQUE.
    Digne objet de leur crainte!
Un enfant malheureux qui ne sait pas encor
Que Pyrrhus est son maître et qu'il est fils d'Hector!
PYRRHUS.
Tel qu'il est, tous les Grecs demandent qu'il périsse;
Le fils d'Agamemnon vient hâter son supplice.
ANDROMAQUE.
Et vous prononcerez un arrêt si cruel?
Est-ce mon intérêt qui le rend criminel?
Hélas! on ne craint point qu'il venge un jour son père;
On craint qu'il n'essuyât les larmes de sa mère.
Il m'aurait tenu lieu d'un père et d'un époux:
Mais il me faut tout perdre, et toujours par vos coups.
PYRRHUS.
Madame, mes refus ont prévenu vos larmes.
Tous les Grecs m'ont déjà menacé de leurs armes:
Mais, dussent-ils encore en repassant les eaux,
Demander votre fils avec mille vaisseaux;
Coûtât-il tout le sang qu'Hélène a fait répandre,
Dussé-je après dix ans voir mon palais en cendre,
Je ne balance point, je vole à son secours;
Je défendrai sa vie aux dépens de mes jours.
Mais, parmi ces périls où je cours pour vous plaire,
Me refuserez-vous un regard moins sévère?

TRAGÉDIE.

Haï de tous les Grecs, pressé de tous côtés,
Me faudra-t-il combattre encor vos cruautés !
Je vous offre mon bras. Puis-je espérer encore
Que vous accepterez un cœur qui vous adore ?
En combattant pour vous, me sera-t-il permis
De ne vous point compter parmi mes ennemi ?

ANDROMAQUE.

Seigneur, que faites-vous, et que dira la Grèce ?
Faut-il qu'un si grand cœur montre tant de faibles-
se ?
Voulez-vous qu'un dessein si beau, si généreux,
Passe pour le transport d'un esprit amoureux ?
Captive, toujours triste, importune à moi-même,
Pouvez-vous souhaiter qu'Andromaque vous aime ?
Quels charmes ont pour vous des yeux infortunés
Qu'à des pleurs éternels vous avez condamnés ?
Non, non, d'un ennemi respecter la misère,
Sauver des malheureux, rendre un fils à sa mère,
De cent peuples pour lui combattre la rigueur
Sans me faire payer son salut de mon cœur,
Malgré moi, s'il le faut, lui donner un asile,
Seigneur, voilà des soins dignes du fils d'Achile.

PYRRHUS.

Hé quoi ! votre courroux n'a-t-il pas eu son cours ?
Peut-on haïr sans-cesse, et punit-on toujours ?
J'ai fait des malheureux, sans-doute, et la Phrygie
Cent fois de votre sang a vu ma main rougie :
Mais que vos yeux sur moi se sont bien exercés !
Qu'ils m'ont vendu bien cher les pleurs qu'ils ont
versés !
De combien de remords m'ont-ils rendu la proie
Je souffre tous les maux que j'ai fait devant Troie.
Vaincu, chargé de fers, de regrets consumé,
Brûlé de plus de feux que je n'en allumai,
Tant de soins, tant de pleurs, tant d'ardeurs in-
quiètes.
Hélas ! fus-je jamais si cruel que vous l'êtes ?
Mais enfin tour à tour c'est assez nous punir ;
Nos ennemis communs devraient nous réunir :

Madame, dites-moi seulement que j'espère,
Je vous rends votre fils et je lui sers de père;
Je l'instruirai moi-même à venger les Troyens;
J'irai punir les Grecs de vos maux et des miens.
Animé d'un regard, je puis tout entreprendre :
Votre Ilion encor peut sortir de sa cendre;
Je puis, en moins de temps que les Grecs ne l'ont
　　　pris,
Dans ces murs relevés couronner votre fils.

ANDROMAQUE.

Seigneur, tant de grandeurs ne me touchent plus
　　　guère;
Je les lui promettais tant qu'a vécu son père.
Non, vous n'espérez plus de nous revoir encor,
Sacrés murs que n'a pu conserver mon Hector!
A de moindres faveurs des malheureux prétendent,
Seigneur; c'est un exil que mes pleurs vous deman-
　　　dent :
Souffrez que loin des Grecs, et même loin de vous,
J'aille cacher mon fils et pleurer mon époux.
Votre amour contre nous allume trop de haine :
Retournez, retournez à la fille d'Hélène.

PYRRHUS.

Et le puis-je, madame? Ah! que vous me gênez!
Comment lui rendre un cœur que vous me retenez.
Je sais que de mes vœux on lui promit l'empire;
Je sais que pour régner elle vint dans l'Épire :
Le sort vous y voulut l'une et l'autre amener,
Vous pour porter des fers, elle pour en donner.
Cependant ai-je pris quelque soin de lui plaire?
Et ne dirait-on pas en voyant au contraire
Vos charmes tout puissans, et les siens dédaignés,
Qu'elle est ici captive, et que vous y régnez.
Ah! qu'un seul des soupirs que mon cœur vous en-
　　　voie,
S'il s'échappait vers elle, y porterait de joie!

ANDROMAQUE.

Et pourquoi vos soupirs seraient-ils repoussés?
Aurait-elle oublié vos services passés?

Troie, Hector, contre vous revoltent-ils son ame ?
Aux cendres d'un époux doit-elle enfin sa flamme ?
Et quel époux encore ! Ah ! souvenir cruel !
Sa mort seule a rendu votre père immortel ;
Il doit au sang d'Hector tout l'éclat de ses armes,
Et vous n'êtes tous deux connus que par mes larmes.

PYRRHUS

Hé bien, madame, hé bien, il faut vous obéir :
Il faut vous oublier, ou plutôt vous haïr.
Oui, mes vœux ont trop loin poussé leur violence,
Pour ne plus s'arrêter que dans l'indifférence :
Songez-y bien, il faut désormais que mon cœur,
S'il n'aime avec transport, haïsse avec fureur.
Je n'épargnerai rien, dans ma juste colère :
Le fils me répondra des mépris de la mère ;
La Grèce le demande ; et je ne prétends pas
Mettre toujours ma gloire à sauver des ingrats.

ANDROMAQUE.

Hélas ! il mourra donc ! il n'a pour sa défense
Que les pleurs de sa mère, et que son innocence....
Et peut-être après tout, en l'état où je suis,
Sa mort avancera la fin de mes ennuis :
Je prolongeais pour lui ma vie et ma misère ;
Mais enfin sur ses pas j'irai revoir son père.
Ainsi tous trois, seigneur, par vos soins réunis,
Nous vous....

PYRRHUS.
Allez, madame, allez voir votre fils.
Peut-être, en le voyant, votre amour plus timide
Ne prendra pas toujours sa colère pour guide.
Pour savoir nos destins j'irai vous retrouver :
Madame, en l'embrassant, songez à le sauver.

Fin du premier acte.

ACTE II.

SCENE PREMIÈRE.

HERMIONE, CLÉONE.

HERMIONE.

Je fais ce que tu veux. Je consens qu'il me voie ;
Je lui veux bien encore accorder cette joie.
Pylade va bientôt conduire ici ses pas ;
Mais, si je m'en croyais, je ne le verrais pas.

CLÉONE.

Et qu'est-ce que sa vue a pour vous de funeste,
Madame ; n'est-ce pas toujours le même Oreste
Dont vous avez cent fois souhaité le retour,
Et dont vous regrettiez la constance et l'amour.

HERMIONE.

C'est cet amour payé de trop d'ingratitude
Qui me rend en ces lieux sa présence si rude.
Quelle honte pour moi, quel triomphe pour lui,
De voir mon infortune égaler son ennui.
Est-ce là, dira-t-il, cette fière Hermione ?
Elle me dédaignait, un autre l'abandonne :
L'ingrate, qui mettait son cœur à si haut prix,
Apprend donc à son tour à souffrir des mépris !....
Ah dieux !

CLÉONE.

Ah ! dissipez ces indignes alarmes :
Il a trop bien senti le pouvoir de vos charmes.
Vous croyez qu'un amant vienne vous insulter ?
Il vous rapporte un cœur qu'il n'a pu vous ôter.
Mais vous ne dites point ce que vous mande un
    père ?

HERMIONE

TRAGEDIE.

HERMIONE.
Dans ses retardemens si Pyrrhus persévère,
A la mort du Troyen s'il ne veut consentir,
Mon père avec les Grecs m'ordonne de partir.

CLÉONE.
Hé bien, madame, hé bien, écoutez donc Oreste.
Pyrrhus a commencé ; faites au moins le reste.
Pour bien faire il faudrait que vous le prévinsiez :
Ne m'avez-vous pas dit que vous le haïssiez ?

HERMIONE.
Si je le hais, Cléone, il y va de ma gloire ;
Après tant de bontés dont il perd la mémoire,
Lui qui me fut si cher et qui m'a pu trahir !
Ah ! je l'ai trop aimé, pour ne point le haïr.

CLÉONE.
Fuyez-le donc, madame ; et puisqu'on vous adore....

HERMIONE.
Ah ! laisse à ma fureur le temps de croître encore,
Contre mon ennemi laisse-moi m'assurer,
Cléone ; avec horreur je m'en veux séparer.
Il n'y travaillera que trop bien, l'infidèle !

CLÉONE.
Quoi ! vous en attendez quelque injure nouvelle ?
Aimer une captive, et l'aimer à vos yeux,
Tout cela n'a donc pu vous le rendre odieux ?
Après ce qu'il a fait, que saurait-il donc faire ?
Il vous aurait déplu, s'il pouvait vous déplaire.

HERMIONE.
Pourquoi veux-tu, cruelle, irriter mes ennuis ?
Je crains de me connaitre en l'état où je suis.
De tout ce que tu vois tâche de ne rien croire :
Crois que je n'aime plus ; vante-moi ma victoire ;
Crois que dans son dépit mon cœur est endurci ;
Hélas ! et s'il se peut, fais-moi le croire aussi
Tu veux que je le fuie. Eh bien ! rien ne m'arrête.
Allons, n'envions plus son indigne conquête :
Que sur lui sa captive étende son pouvoir.
Fuyons.... Mais si l'ingrat rentrait dans son devoir ;

Tome 1. I

Si la foi dans son cœur retrouvait quelque place;
S'il venait à mes pieds me demander sa grace;
Si sous mes lois, amour, tu pouvais l'engager;
S'il voulait.... Mais l'ingrat ne veut que m'outrager.
Demeurons toutefois pour troubler leur fortune;
Prenons quelque plaisir à leur être importune;
Ou le forçant de rompre un nœud si solennel,
Aux yeux de tous les Grecs rendons-le criminel.
J'ai déjà sur le fils attiré leur colère,
Je veux qu'on vienne encor lui demander la mère.
Rendons-lui les tourmens qu'elle me fait souffrir,
Qu'elle le perde, ou bien qu'il la fasse périr.

CLÉONE.

Vous pensez que des yeux toujours ouverts aux larmes,
Se plaisent à troubler le pouvoir de vos charmes,
Et qu'un cœur accablé de tant de déplaisirs
De son persécuteur ait brigué les soupirs?
Voyez si sa douleur en paraît soulagée:
Pourquoi donc les chagrins où son ame est plongée?
Contre un amant qui plaît pourquoi tant de fierté?

HERMIONE.

Hélas! pour mon malheur, je l'ai trop écouté;
Je n'ai point du silence affecté le mystère:
Je croyais sans péril pouvoir être sincère;
Et sans armer mes yeux d'un moment de rigueur,
Je n'ai pour lui parler consulté que mon cœur.
Et qui ne se serait comme moi déclarée
Sur la foi d'un amour si saintement jurée?
Me voyait-il de l'œil qu'il me voit aujourd'hui?
Tu t'en souviens encor, tout conspirait pour lui:
Ma famille vengée, et les Grecs dans la joie,
Nos vaisseaux tous chargés des dépouilles de Troie,
Les exploits de son père effacés par les siens,
Ses feux que je croyais plus ardens que les miens,
Mon cœur, toi-même enfin de sa gloire éblouie;
Avant qu'il me trahît, vous m'avez tous trahie.
Mais c'en est trop, Cléone; et quel que soit Pyr-
      rhus,

Hermione est sensible, Oreste a des vertus :
Il sait aimer du moins, et même sans qu'on l'aime;
Et peut-être il saura se faire aimer lui-même.
Allons, qu'il vienne enfin.

CLÉONE.

Madame, le voici.

HERMIONE.

Ah! je ne croyais pas qu'il fut si près d'ici.

SCENE II.

HERMIONE, ORESTE, CLÉONE.

HERMIONE.

Le croirai-je, seigneur, qu'un reste de tendresse
Vous fasse ici chercher une triste princesse?
Ou ne dois-je imputer qu'à votre seul devoir
L'heureux empressement qui vous porte à me voir?

ORESTE.

Tel est de mon amour l'aveuglement funeste;
Vous le savez, madame; et le destin d'Oreste
Est de venir sans cesse adorer vos attraits,
Et de jurer toujours qu'il n'y viendra jamais.
Je sais que vos regards vont rouvrir mes blessures;
Que tous mes pas vers vous sont autant de parjures;
Je le sais, j'en rougis, mais j'atteste les dieux,
Témoins de la fureur de mes derniers adieux,
Que j'ai couru par-tout où ma perte certaine
Dégageait mes sermens et finissait ma peine.
J'ai mendié la mort chez des peuples cruels
Qui n'apaisaient leurs dieux que du sang des mortels :
Ils m'ont fermé leur temples, et ces peuples barbares
De mon sang prodigué sont devenus avares.
Enfin je viens à vous, et je me vois réduit
A chercher dans vos yeux une mort qui me fuit.
Mon désespoir n'attend que leur indifférence :
Ils n'ont qu'à m'interdire un reste d'espérance;

Ils n'ont, pour avancer cette mort où je cours,
Qu'à me dire une fois ce qu'ils m'ont dit toujours.
Voilà, depuis un an, le seul soin qui m'anime.
Madame, c'est à vous de prendre une victime
Que les Scytes auraient dérobée à vos coups
Si j'en avais trouvé d'aussi cruels que vous.

HERMIONE.

Quittez, seigneur, quittez ce funeste langage :
A des soins plus pressans la Grèce vous engage.
Que parlez-vous du Scyte et de mes cruautés ?
Songez à tous ces rois que vous représentez.
Faut-il que d'un transport leur vengeance dépende ?
Est-ce le sang d'Oreste enfin qu'on vous demande ?
Dégagez-vous des soins dont vous êtes chargé.

ORESTE.

Les refus de Pyrrhus m'ont assez dégagé,
Madame : il me renvoye ; et quelqu'autre puissance
Lui fait du fils d'Hector embrasser la défense.

HERMIONE.

L'infidèle !

ORESTE.

Ainsi donc, tout prêt à le quitter,
Sur mon propre destin je viens vous consulter.
Déjà même je crois entendre la reponse
Qu'en secret contre moi votre haine prononce.

HERMIONE.

Hé quoi ! toujours injuste en vos tristes discours,
De mon inimitié vous plaindrez-vous toujours ?
Quelle est cette rigueur tant de fois alléguée?
J'ai passé dans l'Epire où j'étais reléguée ;
Mon père l'ordonnait : mais qui sait si depuis
Je n'ai point en secret partagé vos ennuis ?
Pensez-vous avoir seul éprouvé des alarmes ;
Que l'Epire jamais n'ait vu couler mes larmes ?
Enfin, qui vous a dit que malgré mon devoir,
Je n'ai pas quelquefois souhaité de vous voir.

ORESTE.

Souhaité de me voir ! Ah ! divine princesse....

Mais, de grace, est-ce à moi que ce discours s'adresse ?
Ouvrez vos yeux, songez qu'Oreste est devant vous :
Oreste si long-temps l'objet de leur courroux.

HERMIONE.
Oui, c'est vous dont l'amour, naissant avec leurs charmes,
Leur apprit le premier le pouvoir de leurs armes ;
Vous, que mille vertus me forçaient d'estimer,
Vous, que j'ai plaint, enfin que je voudrais aimer.

ORESTE.
Je vous entends. Tel est mon partage funeste :
Le cœur est pour Pyrrhus, et les vœux pour Oreste.

HERMIONE.
Ah! ne souhaitez pas le destin de Pyrrhus,
Je vous haïrais trop.

ORESTE.
Vous m'en aimeriez plus.
Ah! que vous me verriez d'un regard bien contraire !
Vous me voulez aimer, et je ne puis vous plaire;
Et, l'amour seul alors se faisant obéir ;
Vous m'aimeriez, madame, en me voulant haïr.
Oh dieux! tant de respects, un amitié si tendre,
Que de raisons pour moi, si vous pouviez m'entendre !
Vous seule pour Pyrrhus disputez aujourd'hui,
Peut-être malgré vous, sans doute malgré lui ;
Car enfin il vous hait, son ame ailleurs éprise
N'a plus....

HERMIONE.
Qui vous l'a dit, seigneur, qu'il me méprise?
Ses regards, ses discours vous l'ont-ils donc appris?
Jugez-vous que ma vue inspire des mépris ;
Qu'elle allume en un cœur des feux si peu durables ?
Peut-être d'autres yeux me sont plus favorables.

ORESTE.

Poursuivez : il est beau de m'insulter ainsi.
Cruelle ! c'est donc moi qui vous méprise ici ?
Vos yeux n'ont pas assez éprouvé ma constance ?
Je suis donc un témoin de leur peu de puissance.
Je les ai méprisés ? Ah ! qu'ils voudraient bien voir
Mon rival comme moi mépriser leur pouvoir !

HERMIONE.

Que m'importe, seigneur, sa haine ou sa tendresse ?
Allez contre un rebelle armer toute la Grèce ;
Rapportez-lui le prix de sa rébellion ;
Qu'on fasse de l'Épire un second Ilion :
Allez. Après cela direz-vous que je l'aime ?

ORESTE.

Madame, faites plus, et venez-y vous-même.
Voulez-vous demeurer pour otage en ces lieux ?
Venez dans tous les cœurs faire parler vos yeux.
Faisons de notre haine une commune attaque.

HERMIONE.

Mais, seigneur, cependant s'il épouse Andromaque ?

ORESTE.

Hé, madame !

HERMIONE.

        Songez quelle honte pour nous
Si d'une Phrygienne il devenait l'époux.

ORESTE.

Et vous le haïssez ! Avouez-le, madame,
L'amour n'est pas un feu qu'on renferme en une ame :
Tout nous trahit, la voix, le silence, les yeux :
Et les feux mal couverts n'en éclatent que mieux.

HERMIONE.

Seigneur, je le vois bien, votre ame prévenue
Répand sur mes discours le venin qui la tue,
Toujours dans mes raisons cherche quelque détour,
Et croit qu'en moi la haine est un effort d'amour.
Il faut donc m'expliquer, vous agirez ensuite.

Vous savez qu'en ces lieux mon devoir m'a conduite :
Mon devoir m'y retient, et je n'en puis partir
Que mon père, ou Pyrrhus ne m'en fasse sortir.
De la part de mon père allez lui faire entendre
Que l'ennemi des Grecs ne peut être son gendre :
Du Troyen ou de moi faites-le décider ;
Qu'il songe qui des deux il veut rendre ou garder :
Enfin, qu'il me renvoye ou bien qu'il vous le livre.
Adieu. S'il y consent, je suis prête à vous suivre.

SCENE III.

ORESTE.

Oui, oui, vous me suivrez, n'en doutez nullement ;
Je vous réponds déjà de son consentement.
Je ne crains pas enfin que Pyrrhus la retienne :
Il n'a devant les yeux que sa chère Troyenne ;
Tout autre objet le blesse ; et peut-être aujourd'hui
Il n'attend qu'un prétexte à l'éloigner de lui.
Nous n'avons qu'à parler : c'en est fait. Quelle joie
D'enlever à l'Epire une si belle proie !
Sauve tout ce qui reste et de Troie et d'Hector,
Garde son fils, sa veuve, et mille autres encor,
Epire ; c'est assez qu'Hermione rendue
Perde à jamais tes bords et ton prince de vue.
Mais un heureux destin le conduit en ces lieux.
Parlons. A tant d'attraits, amour, ferme ses yeux

SCÈNE IV.

PYRRHUS, ORESTE, PHŒNIX.

PYRRHUS.

Je vous cherchais, seigneur. Un peu de violence
M'a fait de vos raisons combattre la puissance,
Je l'avoue ; et depuis que je vous ai quitté,

J'en ai senti la force et connu l'équité.
J'ai songé, comme vous, qu'à la Grèce, à mon père,
A moi-même, en un mot, je devenais contraire ;
Que je relevais Troie et rendais imparfait
Tout ce qu'a fait Achille et tout ce que j'ai fait.
Je ne condamne plus un courroux légitime,
Et l'on vous va, seigneur, livrer votre victime.

ORESTE.

Seigneur, par ce conseil prudent et rigoureux,
C'est acheter la paix du sang d'un malheureux.

PYRRHUS.

Oui : mais je veux, seigneur, l'assurer davantage :
D'une éternelle paix Hermione est le gage ;
Je l'épouse. Il semblait qu'un spectacle si doux
N'attendit en ces lieux qu'un témoin que tel vous :
Vous y représentez tous les Grecs et son père,
Puisqu'en vous Ménélas voit revivre son frère.
Voyez-la donc. Allez. Dites-lui que demain
J'attends avec la paix son cœur de votre main.

ORESTE, *à part.*

Ah, dieux !

SCENE V.

PYRRHUS, PHŒNIX.

PYRRUS.

Hé bien, Phœnix, l'amour est-il le maître ?
Tes yeux refusent-ils encor de me connaître ?

PHŒNIX.

Ah ! je vous reconnais ; et ce juste courroux,
Ainsi qu'à tous les Grecs, seigneur, vous rend à vous.
Ce n'est plus le jouet d'une flamme servile ;
C'est Pyrrhus, c'est le fils et le rival d'Achille,
Que la gloire à la fin ramène sous ses lois,
Qi triomphe de Troie une seconde fois.

TRAGÉDIE.

PHYRRUS.

Dis plutôt qu'aujourd'hui commence ma victoire :
D'aujourd'hui seulement je jouis de ma gloire ;
Et mon cœur, aussi fier que tu l'as vu soumis,
Croit avoir en l'amour vaincu mille ennemis.
Considère, Phœnix, les troubles que j'évite ;
Quelle foule de maux l'amour traîne à sa suite ;
Que d'amis, de devoirs, j'allais sacrifier ;
Quels périls... un regard m'eût tout fait oublier ;
Tous les Grecs conjurés fondaient sur un rebelle.
Je trouvais du plaisir à me perdre pour elle.

PHŒNIX.

Oui, je bénis, seigneur, l'heureuse cruauté
Qui vous rend....

PYRRHUS.

Tu l'as vu comme elle m'a traité.
Je pensais, en voyant sa tendresse alarmée,
Que son fils me la dût renvoyer désarmée.
J'allais voir le succès de ses embrassemens ;
Je n'ai trouvé que pleurs mêlés d'emportemens.
Sa misère l'aigrit ; et, toujours plus farouche,
Cent fois le nom d'Hector est sorti de sa bouche.
Vainement à son fils j'assurais mon secours,
« C'est Hector, disait elle en l'embrassant toujours ;
» Voilà ses yeux, sa bouche, et déjà son audace ;
» C'est lui-même : c'est toi, cher époux que j'em-
　　» brasse. »
Ah ! quelle est sa pensée, attend-elle en ce jour
Que je lui laisse un fils pour nourrir son amour ?

PHŒNIX.

Sans doute : c'est le prix que vous gardait l'ingrate.
Mais laissez-la, seigneur.

PYRRHUS.

Je vois ce qui la flatte :
Sa beauté la rassure ; et, malgré mon courroux,
L'orgueilleuse m'attend encore à ses genoux.
Je la verrais aux miens, Phœnix, d'un œil tranquille.
Elle est veuve d'Hector, et je suis fils d'Achille ;

Trop de haine sépare Andromaque et Pyrrhus.

PHŒNIX.

Commencez donc, seigneur, à ne m'en parler plus.
Allez voir Hermione; et, content de lui plaire,
Oubliez à ses pieds jusqu'à votre colère.
Vous-même à cet hymen venez la disposer :
Est-ce sur un rival qu'il s'en faut reposer ?
Il ne l'aime que trop.

PYRRHUS.

Crois-tu, si je l'épouse,
Qu'Andromaque en son cœur n'en sera pas jalouse ?

PHŒNIX.

Quoi ! toujours Andromaque occupe votre esprit !
Que vous importe ! oh dieux ! sa joie ou son dépit ?
Quel charme, malgré vous, vers elle vous attire ?

PYRRHUS.

Non, je n'ai pas bien dit tout ce qu'il lui faut dire :
Ma colère à ses yeux n'a paru qu'à demi ;
Elle ignore à quel point je suis son ennemi.
Retournons-y : je veux la braver à sa vue,
Et donner à ma haine une libre étendue.
Viens voir tous ses attraits, Phœnix, humiliés.
Allons.

PHŒNIX.

Allez, seigneur, vous jeter à ses pieds :
Allez, en lui jurant que votre ame l'adore,
A de nouveaux mépris l'encourager encore.

PYRRHUS.

Je le vois bien, tu crois que prêt à l'excuser
Mon cœur court après elle, et cherche à s'apaiser.

PHŒNIX.

Vous aimez : c'est assez.

PYRRHUS.

Moi, l'aimer ? une ingrate
Qui me hait d'autant plus que mon amour la flatte ?
Sans parens, sans amis, sans espoir que sur moi ?

Je puis perdre son fils, peut-être je le doi ;
Étrangère... Que dis-je ? esclave dans l'Épire,
Je lui donne son fils, mon ame, mon empire :
Et je ne puis gagner dans son perfide cœur
D'autre rang que celui de son persécuteur ?
Non, non, je l'ai juré, ma vengeance est certaine ;
Il faut bien une fois justifier sa haine :
J'abandonne son fils... Que de pleurs vont couler !
De quel nom sa douleur me va-t-elle appeler !
Quel spectacle pour elle aujourd'hui se dispose !
Elle en mourra, Phœnix, et j'en serai la cause :
C'est lui mettre moi-même un poignard dans le sein.

PHŒNIX.
Et pourquoi donc en faire éclater le dessein ?
Que ne consultiez-vous tantôt votre faiblesse ?

PYRRHUS.
Je t'entends. Mais excuse un reste de tendresse.
Crains-tu pour ma colère un si faible combat ?
D'un amour qui s'éteint c'est le dernier éclat.
Allons. A tes conseils, Phœnix, je m'abandonne.
Faut-il livrer son fils ? faut-il voir Hermione !

PHŒNIX.
Oui, voyez-la, seigneur ; et par des vœux soumis
Protestez-lui...

PYRRHUS.
    Faisons tout ce que j'ai promis.

Fin du deuxième Acte.

ACTE III.

SCENE PREMIÈRE.

ORESTE, PYLADE.

PYLADE.

Modérez donc, seigneur, cette fureur extrême :
Je ne vous connais plus; vous n'êtes plus vous-même.
Souffrez...

ORESTE.

Non, tes conseils ne sont plus de saison,
Pylade; je suis las d'écouter la raison.
C'est traîner trop long-temps ma vie et mon supplice :
Il faut que je l'enlève, ou bien que je périsse.
Le dessein en est pris; je le veux achever :
Oui, je le veux.

PYLADE.

Hé bien, il la faut enlever;
J'y consens. Mais songez cependant où vous êtes.
Que croira-t-on de vous, à voir ce que vous faites?
Dissimulez : calmez ce transport inquiet ;
Commandez à vos yeux de garder le secret.
Ces gardes, cette cour, l'air qui vous environne,
Tout dépend de Pyrrhus, et sur-tout Hermione.
A ses regards sur-tout cachez votre courroux.
Oh dieux! en cet état pourquoi la cherchiez-vous?

ORESTE.

Que sais-je? De moi-même étais-je alors le maître?
La fureur m'emportait, et je venais peut-être
Menacer à la fois l'ingrate et son amant.

PYLADE.

Et quel était le fruit de cet emportement?

ORESTE.
Et quelle ame, dis-moi, ne serait éperdue
Du coup dont ma raison vient d'être confondue ?
Il épouse, dit-il, Hermione demain :
Il veut pour m'honorer, la tenir de ma main.
Ah! plutôt cette main dans le sang du barbare...

PYLADE.
Vous l'accusez, seigneur, de ce destin bizarre :
Cependant, tourmenté de ses propres desseins,
Il est peut-être à plaindre autant que je vous plains.

ORESTE.
Non, non ; je le connais, mon désespoir le flatte ;
Sans moi, sans mon amour, il dédaignait l'ingrate ;
Ses charmes jusque-là n'avaient pu le toucher :
Le cruel ne la prend que pour me l'arracher.
Ah, dieux, c'en était fait : Hermione gagnée
Pour jamais de sa vue allait être éloignée;
Son cœur entre l'amour et le dépit confus,
Pour se donner à moi n'attendait qu'un refus :
Ses yeux s'ouvraient, Pylade ; elle écoutait Oreste,
Lui parlait, le plaignait. Un mot eût fait le reste.

PYLADE.
Vous le croyez ?

ORESTE.
Hé quoi! ce courroux enflammé
Contre un ingrat...

PYLADE.
Jamais il ne fut plus aimé.
Pensez-vous, quand Pyrrhus vous l'aurait accordée,
Qu'un prétexte tout prêt ne l'eût pas retardée ?
M'en croirez-vous ? Lassé de ses trompeurs attraits,
Au lieu de l'enlever, fuyez-la pour jamais.
Quoi! votre amour se veut charger d'une furie
Qui vous détestera, qui, toute votre vie,
Regrettant un hymen tout prêt à s'achever,
Voudra...

ORESTE.
C'est pour cela que je veux l'enlever.

Tout lui rirait, Pylade : et moi, pour mon partage,
Je n'emporterais donc qu'une inutile rage ?
J'irais loin d'elle encor tâcher de l'oublier !
Non, non : à mes tourmens je veux l'associer :
C'est trop gémir tout seul. Je suis las qu'on me plaigne.
Je prétends qu'à mon tour l'inhumaine me craigne,
Et que ses yeux cruels, à pleurer condamnés,
Me rendent tous les noms que je leur ai donnés.

PYLADE.
Voilà donc le succès qu'aura votre ambassade !
Oreste ravisseur !

ORESTE.
Et qu'importe, Pylade ?
Quand nos états vengés jouiront de mes soins,
L'ingrate de mes pleurs jouira-t-elle moins ?
Et que me servira que la Grèce m'admire,
Tandis que je serai la fable de l'Epire ?
Que veux-tu ? Mais, s'il faut ne te rien déguiser,
Mon innocence enfin commence à me peser.
Je ne sais de tout temps quelle injuste puissance
Laisse le crime en paix et poursuit l'innocence.
De quelque part sur moi que je tourne les yeux,
Je ne vois que malheurs qui condamnent les dieux.
Méritons leur courroux, justifions leur haine,
Et que le fruit du crime en précède la peine.
Mais toi, par quelle erreur veux-tu toujours sur toi
Détourner un courroux qui ne cherche que moi ?
Assez et trop long-temps mon amitié t'accable :
Evite un malheureux, abandonne un coupable.
Cher Pylade, crois-moi, ta pitié te séduit :
Laisse-moi des périls dont j'attends tout le fruit
Porte aux Grecs cet enfant que Pyrrhus m'abandonne.
Va-t'en.

PYLADE.
Allons, seigneur, enlevons Hermione :

TRAGÉDIE.

Au travers des périls un grand cœur se fait jour.
Que ne peut l'amitié conduite par l'amour !
Allons de tous vos Grecs encourager le zèle :
Nos vaisseaux sont tous prêts, et le vent nous appelle.
Je sais de ce palais tous les détours obscurs :
Vous voyez que la mer en vient battre les murs ;
Et cette nuit, sans peine, une secrète voie
Jusqu'en votre vaisseau conduira votre proie.

ORESTE.

J'abuse, cher ami, de ton trop d'amitié :
Mais pardonne à des maux dont toi seul as pitié.
Excuse un malheureux qui perd tout ce qu'il aime,
Que tout le monde hait, et qui se hait lui-même.
Que ne puis-je, à mon tour, dans un sort plus heureux...

PYLADE.

Dissimulez, seigneur : c'est tout ce que je veux.
Gardez qu'avant le coup votre dessein n'éclate :
Oubliez jusque-là qu'Hermione est ingrate ;
Oubliez votre amour. Elle vient, je la voi.

ORESTE.

Va-t-en. Réponds-moi d'elle, et je réponds de moi.

SCÈNE II.
HERMIONE, ORESTE, CLÉONE.

ORESTE.

Hé bien, mes soins vous ont rendu votre conquête :
J'ai vu Pyrrhus, madame ; et votre hymen s'apprête.

HERMIONE.

On le dit ; et de plus on vient de m'assurer
Que vous ne me cherchiez que pour m'y préparer.

ORESTE.

Et votre ame à ses vœux ne sera pas rebelle ?

HERMIONE.

Qui l'eût crut que Pyrrhus ne fût pas infidèle ?
Que sa flamme attendrait si tard pour éclater ?
Qu'il reviendrait à moi quand je l'allais quitter ?
Je veux croire avec vous qu'il redoute la Grèce ;
Qu'il suit son intérêt plutôt que sa tendresse ;
Que mes yeux sur votre ame étaient plus absolus.

ORESTE.

Non, madame : il vous aime, et je n'en doute plus.
Vos yeux ne font-ils pas tout ce qu'ils veulent faire ?
Et vous ne vouliez pas, sans doute, lui déplaire.

HERMIONE.

Mais que puis-je, seigneur ? on a promis ma foi :
Lui ravirai-je un bien qu'il ne tient pas de moi ?
L'amour ne régle pas le sort d'une princesse :
La gloire d'obéir est tout ce qu'on nous laisse.
Cependant je partais ; et vous avez pu voir
Combien je relâchais pour vous de mon devoir.

ORESTE.

Ah ! que vous saviez bien, cruelle... Mais, madame,
Chacun peut à son choix disposer de son ame.
La vôtre était à vous ; j'espérais : mais enfin
Vous l'avez pu donner sans me faire un larcin.
Je vous accuse aussi bien moins que la fortune.
Et pourquoi vous lasser d'une plainte importune ?
Tel est votre devoir ; je l'avoue : et le mien
Est de vous épargner un si triste entretien.

SCÈNE III.

HERMIONE, CLEONE.

HERMIONE.

Attendais-tu, Cléone, un courroux si modeste ?

CLEONE.

La douleur qui se tait n'en est que plus funeste.
Je le plains : d'autant plus qu'auteur de son ennui
Le coup qui l'a perdu n'est parti que de lui.

Comptez depuis quel temps votre hymen se prépare :
Il a parlé, madame ; et Pyrrhus se déclare.
HERMIONE.
Tu crois que Pyrrhus craint ? Et que craint-il encor ?
Des peuples qui, dix ans, ont fui devant Hector,
Qui cent fois, effrayés de l'absence d'Achille,
Dans leurs vaisseaux brûlans ont cherché leur asile ;
Et qu'on verrait encor, sans l'appui de son fils,
Redemander Hélène aux Troyens impunis ?
Non, Cléone, il n'est point ennemi de lui-même :
Il veut tout ce qu'il fait ; et s'il m'épouse, il m'aime
Mais qu'Oreste, à son gré, m'impute ses douleurs;
N'avons-nous d'entretien que celui de ses pleurs ?
Pyrrhus revient à nous. Hé bien, chère Cléone
Conçois-tu les transports de l'heureuse Hermione !
Sais-tu quel est Pyrrhus ? T'es-tu fait raconter
Le nombre des exploits... Mais qui les peut compter ?
Intrépide, et par-tout suivi de la victoire ;
Charmant, fidèle ; enfin rien ne manque à sa gloire.
Songe...
CLEONE.
Dissimulez : votre rivale en pleurs
Vient à vos pieds, sans doute, apporter ses douleurs.
HERMIONE.
Dieux ! ne puis-je à ma joie abandonner mon ame !
Sortons. Que lui dirais-je ?

SCENE IV.
ANDROMAQUE, HERMIONE, CLÉONE, CEPHISE.

ANDROMAQUE.
Où fuyez-vous, madame ?
N'est-ce point à vos yeux un spectacle assez doux

Que la veuve d'Hector pleurant à vos genoux ?
Je ne viens point ici, par de jalouses larmes,
Vous envier un cœur qui se rend à vos charmes.
Par une main cruelle, hélas ! j'ai vu percer
Le seul où mes regards prétendaient s'adresser !
Ma flamme par Hector fut jadis allumée ;
Avec lui dans la tombe elle s'est enfermée.
Mais il me reste un fils. Vous saurez quelque jour,
Madame, pour un fils jusqu'où va notre amour :
Mais vous ne saurez pas, du moins je le souhaite,
En quel trouble mortel son intérêt nous jette,
Lorsque de tant de biens qui pouvaient nous flatter
C'est le seul qui nous reste, et qu'on veut nous l'ôter.
Hélas ! lorsque, lassés de dix ans de misère,
Les Troyens en courroux menaçaient votre mère,
J'ai su de mon Hector lui procurer l'appui :
Vous pouvez sur Pyrrhus ce que j'ai pu sur lui
Que craint-on d'un enfant qui survit à sa perte ?
Laissez-moi le cacher en quelque île déserte :
Sur les soins de sa mère on peut s'en assurer ;
Et mon fils avec moi n'apprendra qu'à pleurer.

HERMIONE.

Je conçois vos douleurs ; mais un devoir austère,
Quand mon père a parlé, m'ordonne de me taire.
C'est lui qui de Pyrrhus fait agir le courroux
S'il faut fléchir Pyrrhus, qui le peut mieux que vous ?
Vos yeux assez long-temps ont régné sur son ame.
Faites-le prononcer, j'y souscrirai, madame.

SCENE V.

ANDROMAQUE, CEPHISE.

ANDROMAQUE.

Quel mépris la cruelle attache à ses refus !

CEPHISE.

Je croirais ses conseils, et je verrais Pyrrhus.

Un regard confondrait Hermione et la Grèce...
Mais lui-même il vous cherche.

SCENE VI.

PYRRHUS, ANDROMAQUE, PHŒNIX, CEPHISE.

PYRRHUS, *à Phœnix.*

Où donc est la princesse ?
Ne m'avais-tu pas dit qu'elle était en ces lieux ?

PHŒNIX.

Je le croyais.

ANDROMAQUE, *à Céphise.*

Tu vois le pouvoir de mes yeux.

PYRRHUS.

Que dit-elle, Phœnix ?

ANDROMAQUE.

Hélas ! tout m'abandonne !

PHŒNIX.

Allons, seigneur, marchons sur les pas d'Hermione.

CEPHISE.

Qu'attendez-vous ? Rompez ce silence obstiné.

ANDROMAQUE.

Il a promis mon fils.

CEPHISE.

Il ne l'a pas donné.

ANDROMAQUE.

Non, non, j'ai beau pleurer, sa mort est résolue.

PYRRHUS.

Daigne-t-elle sur nous tourner au moins la vue ?
Quel orgueil !

ANDROMAQUE.

Je ne fais que l'irriter encor.
Sortons.

PYRRHUS.

Allons aux Grecs livrer le fils d'Hector.

ANDROMAQUE, *se jetant aux pieds de Pyrrhus.*

Ah, seigneur, arrêtez ! que prétendez-vous faire ?

Si vous livrez le fils, livrez-leur donc la mère!
Vos sermens m'ont tantôt juré tant d'amitié!
Dieux! ne pourrai-je au moins toucher votre pitié?
Sans espoir du pardon m'avez-vous condamnée?

PYRRHUS.
Phœnix vous le dira, ma parole est donnée.

ANDROMAQUE.
Vous qui braviez pour moi tant de périls divers!

PYRRHUS.
J'étais aveugle alors; mes yeux se sont ouverts.
Sa grace à vos désirs pouvait être accordée;
Mais vous ne l'avez pas seulement demandée.
C'en est fait.

ANDROMAQUE.
Ah, seigneur! vous entendiez assez
Des soupirs qui craignaient de se voir repoussés.
Pardonnez à l'éclat d'une illustre fortune
Ce reste de fierté qui craint d'être importune.
Vous ne l'ignorez pas; Andromaque, sans vous,
N'aurait jamais d'un maître embrassé les genoux.

PYRRHUS.
Non, vous me haïssez; et dans le fond de l'ame
Vous craignez de devoir quelque chose à ma flamme
Ce fils même, ce fils, l'objet de tant de soins,
Si je l'avais sauvé, vous l'en aimeriez moins.
La haine, le mépris, contre moi tout s'assemble;
Vous me haïssez plus que tous les Grecs ensemble.
Jouissez à loisir d'un si noble courroux.
Allons, Phœnix.

ANDROMAQUE.
Allons rejoindre mon époux.

CÉPHISE.
Madame...

ANDROMAQUE, *à Céphise.*
Et que veux-tu que je lui dise encor?
Auteur de tous mes maux, crois-tu qu'il les ignor
(*à Pyrrhus*)
Seigneur, voyez l'état où vous me réduisez:

J'ai vu mon père mort et nos murs embrasés ;
J'ai vu trancher les jours de ma famille entière,
Et mon époux sanglant traîné sur la poussière,
Son fils, seul avec moi, réservé pour les fers ;
Mais que ne peut un fils ! je respire, je sers.
J'ai fait plus ; je me suis quelquefois consolée
Qu'ici plutôt qu'ailleurs le sort m'eût exilée ;
Qu'heureux dans son malheur le fils de tant de rois,
Puisqu'il devait servir, fût tombé sous vos lois :
J'ai cru que sa prison deviendrait son asile.
Jadis Priam soumis fut respecté d'Achille:
J'attendais de son fils encor plus de bonté.
Pardonne, cher Hector ! à ma crédulité :
Je n'ai pu soupçonner ton ennemi d'un crime;
Malgré lui-même enfin je l'ai cru magnanime.
Ah ! s'il l'était assez pour nous laisser du moins
Au tombeau qu'à ta cendre ont élevé mes soins ;
Et que, finissant là sa haine et nos misères,
Il ne séparât point des dépouilles si chères !

PYRRHUS.

Va m'attendre, Phœnix.

SCENE VII.

PYRRHUS, ANDROMAQUE, CEPHISE,

PYRRHUS.

      Madame, demeurez.
On peut vous rendre encor ce fils que vous pleurez.
Oui, je sens à regret qu'en excitant vos larmes.
Je ne fais contre moi que vous donner des armes :
Je croyais apporter plus de haine en ces lieux.
Mais, madame, du moins tournez vers moi les yeux ;
Voyez si mes regards sont d'un juge sévère,
S'ils sont d'un ennemi qui cherche à vous déplaire.
Pourquoi me forcez-vous vous-même à vous trahir?
Au nom de votre fils, cessons de nous haïr.
A le sauver enfin c'est moi qui vous convie.

Faut-il que mes soupirs vous demandent sa vie ?
Faut-il qu'en sa faveur j'embrasse vos genoux ?
Pour la dernière fois, sauvez-le, sauvez-vous.
Je sais de quels sermens je romps pour vous les chaines ;
Combien je vais sur moi faire éclater de haines.
Je renvoie Hermione, et je mets sur son front,
Au lieu de ma couronne, un éternel affront :
Je vous conduis au temple où son hymen s'apprête ;
Je vous ceins du bandeau préparé pour sa tête.
Mais ce n'est plus, madame, une offre à dédaigner :
Je vous le dis ; il faut ou périr, ou régner.
Mon cœur, désespéré d'un an d'ingratitude,
Ne peut plus de son sort souffrir l'incertitude :
C'est craindre, menacer, et gémir trop longtemps.
Je meurs si je vous perds ; mais je meurs si j'attends.
Songez-y ; je vous laisse : et je viendrai vous prendre
Pour vous mener au temple où ce fils doit m'attendre ;
Et là vous me verrez, soumis ou furieux,
Vous couronner, madame, ou le perdre à vos yeux.

SCENE VIII.

ANDROMAQUE, CÉPHISE.

CÉPHISE.

Je vous l'avais prédit, qu'en dépit de la Grèce
De votre sort encor vous seriez la maîtresse.

ANDROMAQUE.

Hélas ! de quel effet tes discours sont suivis !
Il ne me restait plus qu'à condamner mon fils.

CÉPHISE.

Madame, à votre époux c'est être assez fidèle :
Trop de vertu pourrait vous rendre criminelle.

TRAGÉDIE.

Lui-même il porterait votre ame à la douceur.

ANDROMAQUE.

Quoi ! je lui donnerais Pyrrhus pour successeur ?

CÉPHISE.

Ainsi le veut son fils que les Grecs vous ravissent.
Pensez-vous qu'après tout, ses mânes en rougissent ;
Qu'il méprisât, madame, un roi victorieux
Qui vous fait remonter au rang de vos aïeux,
Qui foule aux pieds pour vous vos vainqueurs en colère,
Qui ne se souvient plus qu'Achile était son père,
Qui dément ses exploits et les rend superflus ?

ANDROMAQUE.

Dois-je les oublier, s'il ne s'en souvient plus ?
Dois-je oublier Hector privé de funérailles,
Et traîné sans honneur autour de nos murailles ?
Dois-je oublier son père à mes pieds renversé,
Ensanglantant l'autel qu'il tenait embrassé ?
Songe, songe, Céphise, à cette nuit cruelle
Qui fut pour tout un peuple une nuit éternelle ;
Figure-toi Pyrrhus, les yeux étincelans,
Entrant à la lueur de nos palais brûlans,
Sur tous mes frères morts se faisant un passage,
Et de sang tout couvert, échauffant le carnage ;
Songe aux cris des vainqueurs, songe aux cris des mourans
Dans la flamme étouffés, sous le fer expirans ;
Peins-toi dans ces horreurs Andromaque éperdue :
Voilà comme Pyrrhus vint s'offrir à ma vue ;
Voilà par quels exploits il sut se couronner ;
Enfin, voilà l'époux que tu me veux donner.
Non, je ne serai point complice de ses crimes :
Qu'il nous prenne, s'il veut, pour dernières victimes.
Tous mes ressentimens lui seraient asservis !

CÉPHISE.

Hé bien, allons donc voir expirer votre fils :
On n'attend plus que vous.. Vous frémissez, madame ?

ANDROMAQUE.
Ah! de quel souvenir viens-tu frapper mon ame!
Quoi! Céphise, j'irai voir expier encor
Ce fils, ma seule joie, et l'image d'Hector?
Ce fils, que de sa flamme il me laissa pour gage?
Hélas! je m'en souviens: le jour que son courage
Lui fit chercher Achile, ou plutôt le trépas,
Il demanda son fils, et le prit dans ses bras:
« Chère épouse, dit-il en essuyant mes larmes,
« J'ignore quel succès le sort garde à mes armes;
« Je te laisse mon fils pour gage de ma foi :
« S'il me perd, je prétends qu'il me retrouve en toi.
« Si d'un heureux hymen la mémoire t'est chère,
« Montre au fils à quel point tu chérissais le père. »
Et je puis voir répandre un sang si précieux?
Et je laisse avec lui périr tous ses aïeux?
Roi barbare, faut-il que mon crime l'entraine?
Si je te hais, est-il coupable de ma haine?
T'a-t-il de tous les siens reproché le trépas?
S'est-il plaint à tes yeux des maux qu'il ne sent pas?
Mais cependant, mon fils, tu meurs si je n'arrête
Le fer que le cruel tient levé sur sa tête.
Je l'en puis détourner, et je t'y vais offrir?...
Non, tu ne mourras point, je ne le puis souffrir.
Allons trouver Pyrrhus. Mais non, chère, Céphise,
Va le trouver pour moi.

CEPHISE.
   Que faut-il que je dise?
ANDROMAQUE.
Dis-lui que de mon fils l'amour est assez fort...
Crois-tu que dans son cœur il ait juré sa mort?
L'amour peut-il si loin pousser sa barbarie?

CEPHISE.
Madame, il va bientôt revenir en furie.

ANDROMAQUE.
Hé bien, va l'assurer...

CEPHISE.
   De quoi, de votre foi?

ANDROMAQUE.

ANDROMAQUE.
Hélas ! pour la promettre est-elle encore à moi ?
O cendre d'un époux ! ô Troyens ! ô mon père !
O mon fils, que tes jours coûtent cher à ta mère !
Allons,

CEPHISE.
Où donc, madame ? et que résolvez-vous ?

ANDROMAQUE.
Allons sur son tombeau consulter mon époux.

Fin du troisième acte.

ACTE IV.

SCENE PREMIERE.

ANDROMAQUE, CEPHISE.

CEPHISE.

Ah! je n'en doute point; c'est votre époux, madame,
C'est Hector qui produit ce miracle en votre ame :
Il veut que Troie encor se puisse relever
Avec cet heureux fils qu'il vous fait conserver.
Pyrrhus vous l'a promis. Vous venez de l'entendre,
Madame ; il n'attendait qu'un mot pour vous le rendre.
Croyez-en ses transports; père, sceptre, alliés,
Content de votre cœur, il met tout à vos pieds;
Sur lui, sur tout son peuple il vous rend souveraine.
Est-ce là ce vainqueur digne de tant de haine?
Déjà contre les Grecs plein d'un noble courroux,
Le soin de votre fils le touche autant que vous :
Il prévient leur fureur ; il lui laisse sa garde.
Pour ne pas l'exposer, lui-même il se hasarde.
Mais tout s'apprête au temple ; et vous avez promis...

ANDROMAQUE.

Oui, je m'y trouverai. Mais allons voir mon fils.

CEPHISE.

Madame, qui vous presse ? Il suffit que sa vue
Désormais à vos yeux ne soit plus défendue.
Vous lui pourrez bientôt prodiguer vos bontés ;
Et vos embrassemens ne seront plus comptés.
Quel plaisir d'élever un enfant qu'on voit croître
Non plus comme un esclave élevé pour son maître,
Mais pour voir avec lui renaître tant de rois !

ANDROMAQUE.

Céphise, allons le voir pour la dernière fois,

TRAGEDIE.

CÉPHISE.
Que dites-vous ? Oh dieux !
ANDROMAQUE.
O ma chère Céphise,
Ce n'est point avec toi que mon cœur se déguise.
Ta foi dans mon malheur s'est montrée à mes yeux ;
Mais j'ai cru qu'à mon tour tu me connaissais mieux.
Quoi donc ! as-tu pensé qu'Andromaque infidèle
Pût trahir un époux qui croit revivre en elle ;
Et que, de tant de morts réveillant la douleur,
Le soin de mon repos me fit troubler le leur ?
Est-ce là cette ardeur tant promise à sa cendre ?
Mais son fils périssait, il l'a fallu défendre.
Pyrrhus en m'épousant s'en déclare l'appui ;
Il suffit ; je veux bien m'en reposer sur lui.
Je sais quel est Pyrrhus : violent, mais sincère,
Céphise, il fera plus qu'il n'a promis de faire.
Sur le courroux des Grecs je m'en repose encor ;
Leur haine va donner un père au fils d'Hector.
Je vais donc, puisqu'il faut que je me sacrifie,
Assurer à Pyrrhus le reste de ma vie ;
Je vais, en recevant sa foi sur les autels,
L'engager à mon fils par des nœuds immortels.
Mais aussitôt ma main, à moi seule funeste,
D'une infidèle vie abrègera le reste ;
Et, sauvant ma vertu, rendra ce que je doi
A Pyrrhus, à mon fils, à mon époux, à moi.
Voilà de mon amour l'innocent stratagème ;
Voilà ce qu'un époux m'a commandé lui-même.
J'irai seule rejoindre Hector et mes aïeux.
Céphise, c'est à toi de me fermer les yeux.
CÉPHISE.
Ah ! ne prétendez pas que je puisse survivre...
ANDROMAQUE.
Non, non, je te défends, Céphise de me suivre ;
Je confie à tes soins mon unique trésor :
Si tu vivais pour moi, vis pour le fils d'Hector.
De l'espoir des Troyens seule dépositaire,
Songe à combien de rois tu deviens nécessaire.

Veille auprès de Pyrrhus ; fais-lui garder sa foi :
S'il le faut, je consens qu'on lui parle de moi.
Fais-lui valoir l'hymen où je me suis rangée :
Dis-lui qu'avant ma mort je lui fus engagée ;
Que ses ressentimens doivent être effacés :
Qu'en lui laissant mon fils, c'est l'estimer assez.
Fais connaitre à mon fils les héros de sa race ;
Autant que tu pourras, conduis-le sur leur trace :
Dis-lui par quels exploits leurs noms ont éclaté,
Plutôt ce qu'ils ont fait que ce qu'ils ont été :
Parle-lui tous les jours des vertus de son père ;
Et quelquefois aussi parle-lui de sa mère.
Mais qu'il ne songe plus, Céphise, à nous venger :
Nous lui laissons un maitre, il le doit ménager.
Qu'il ait de ses aïeux un souvenir modeste :
Il est du sang d'Hector ; mais il en est le reste ;
Et pour ce reste enfin j'ai moi-même, en un jour,
Sacrifié mon sang, ma haine, et mon amour.

CEPHISE.

Hélas !

ANDROMAQUE.

Ne me suis point, si ton cœur en alarmes
Prévoit qu'il ne pourra commander à tes larmes.
On vient. Cache tes pleurs, Céphise ; et souviens-toi
Que le sort d'Andromaque est commis à ta foi.
C'est Hermione. Allons, fuyons sa violence.

SCÈNE II.

HERMIONE, CLÉONE.

CLEONE.

Non, je ne puis assez admirer ce silence.
Vous vous taisez, madame ; et ce cruel mépris
N'a pas du moindre trouble agité vos esprits !
Vous soutenez en paix une si rude attaque,
Vous qu'on voyait frémir au seul nom d'Andromaque !

Vous qui sans désespoir ne pouviez endurer
Que Pyrrhus d'un regard la voulût honorer!
Il l'épouse; il lui donne, avec son diadème,
La foi que vous venez de recevoir vous-même :
Et votre bouche encor, muette à tant d'ennui,
N'a pas daigné s'ouvrir pour se plaindre de lui!
Ah ! que je crains, madame, un calme si funeste !
Et qu'il vaudrait bien mieux...

HERMIONE.
Fais-tu venir Oreste?
CLEONE
Il vient, madame, il vient; et vous pouvez juger
Que bientôt à vos pieds il allait se ranger,
Prêt à servir toujours sans espoir de salaire :
Vos yeux ne sont que trop assurés de lui plaire.
Mais il entre.

SCENE III.

ORESTE, HERMIONE, CLÉONE.

ORESTE.
Ah, madame! est-il vrai qu'une fois
Oreste en vous cherchant obéisse à vos lois?
Ne m'a-t-on point flatté d'une fausse espérance ?
Avez-vous en effet souhaité ma présence ?
Croirai-je que vos yeux, à la fin désarmés,
Veulent...

HERMIONE.
Je veux savoir, seigneur, si vous m'aimez.
ORESTE.
Si je vous aime ! oh dieux mes sermens, mes parjures,
Ma fuite, mon retour, mes respects, mes injures,
Mon désespoir, mes yeux de pleurs toujours noyés ;
Quels témoins croirez-vous, si vous ne les croyez ?
HERMIONE.
Vengez-moi je crois tout.

ORESTE.
Hé bien, allons, madame:
Mettons encore un coup toute la Grèce en flamme;
Prenons, en signalant mon bras et votre nom,
Vous, la place d'Hélène, et moi, d'Agamemnon;
De Troie en ce pays réveillons les misères;
Et qu'on parle de nous ainsi que de nos pères.
Partons, je suis tout prêt.

HERMIONE
Non, seigneur, demeurons:
Je ne veux pas si loin porter de tels affronts.
Quoi! de mes ennemis couronnant l'insolence,
J'irais attendre ailleurs une lente vengeance?
Et je m'en remettrais au destin des combats,
Qui peut-être à la fin ne me vengerait pas?
Je veux qu'à mon départ toute l'Épire pleure.
Mais, si vous me vengez, vengez-moi dans une heure.
Tous vos retardemens sont pour moi des refus.
Courez au temple. Il faut immoler...

ORESTE.
Qui!

HERMIONE.
Pyrrhus,

ORESTE.
Pyrrhus, madame!

HERMIONE.
Hé quoi! votre haine chancelle:
Ah! courez, et craignez que je ne vous rappelle.
N'alléguez point des droits que je veux oublier;
Et ce n'est pas à vous à les justifier.

ORESTE
Moi, je l'excuserais! Ah! vos bontés, madame,
Ont gravé trop avant ses crimes dans mon ame.
Vengeons-nous, j'y consens, mais par d'autres chemins;
Soyons ses ennemis et non ses assassins;
Faisons de sa ruine une juste conquête.
Quoi! pour réponse aux Grecs porterai-je sa tête?

Et n'ai-je pris sur moi le soin de tout l'état,
Que pour m'en acquitter par un assassinat ?
Souffrez, au nom des dieux ! que la Grèce s'explique,
Et qu'il meure chargé de la haine publique.
Souvenez-vous qu'il règne, et qu'un front couronné...

HERMIONE.
Ne vous suffit-il pas que je l'ai condamné ?
Ne vous suffit-il pas que ma gloire offensée
Demande une victime à moi seule adressée ;
Qu'Hermione est le prix d'un tyran opprimé ;
Que je le hais ; enfin, seigneur, que je l'aimais ?
Je ne m'en cache point ; l'ingrat m'avait su plaire,
Soit qu'ainsi l'ordonnât mon amour ou mon père,
N'importe : mais enfin réglez-vous là-dessus.
Malgré mes vœux, seigneur, honteusement déçus,
Malgré la juste horreur que son crime me donne,
Tant qu'il vivra, craignez que je ne lui pardonne.
Doutez jusqu'à sa mort d'un courroux incertain ;
S'il ne meurt aujourd'hui je puis l'aimer demain.

ORESTE.
Hé bien, il faut le perdre, et prévénir sa grace :
Il faut... Mais cependant que faut-il que je fasse ?
Comment puis-je sitôt servir votre courroux ?
Quel chemin jusqu'à lui peut conduire mes coups ?
A peine suis-je encore arrivé dans l'Épire,
Vous voulez par mes mains renverser un empire ;
Vous voulez qu'un roi meure ; et pour son châtiment
Vous ne donnez qu'un jour, qu'une heure, qu'un moment :
Aux yeux de tout son peuple il faut que je l'opprime.
Laissez-moi vers l'autel conduire ma victime,
Je ne m'en défends plus ; et je ne veux qu'aller
Reconnaître la place où je dois l'immoler :
Cette nuit je vous sers, cette nuit je l'attaque.

HERMIONE.
Mais, cependant, ce jour il épouse Andromaque ;

Dans le temple déjà le trône est élevé,
Ma honte est confirmée, et son crime achevé.
Enfin qu'attendez-vous ? il vous offre sa tête :
Sans gardes, sans défense, il marche à cette fête ;
Autour du fils d'Hector il les fait tous ranger ;
Il s'abandonne au bras qui me voudra venger.
Voulez-vous, malgré lui, prendre soin de sa vie ?
Armez, avec vos Grecs, tous ceux qui m'ont suivie ;
Soulevez vos amis ; tous les miens sont à vous :
Il me trahit, vous trompe, et nous méprise tous.
Mais quoi ! déjà leur haine est égale à la mienne ;
Elle épargne à regret l'époux d'une Troyenne.
Parlez ; mon ennemi ne vous peut échapper ;
Ou plutôt il ne faut que les laisser frapper.
Conduisez et suivez une fureur si belle ;
Revenez tout couvert du sang de l'infidèle ;
Allez : en cet état soyez sûr de mon cœur.

ORESTE.

Mais, madame, songez...

HERMIONE.

Ah ! c'en est trop, seigneur,
Tant de raisonnemens offensent ma colère.
J'ai voulu vous donner les moyens de me plaire,
Rendre Oreste content : mais enfin je vois bien
Qu'il veut toujours se plaindre, et ne mériter rien.
Partez : allez ailleurs vanter votre constance,
Et me laissez ici le soin de ma vengeance.
De mes lâches bontés mon courage est confus ;
Et c'est trop en un jour essuyer de refus.
Je m'en vais seule au temple où leur hymen s'apprête,
Où vous n'osez aller mériter ma conquête :
Là, de mon ennemi je saurai m'approcher ;
Je percerai le cœur que je n'ai pu toucher ;
Et mes sanglantes mains, sur moi-même tournées,
Aussitôt, malgré lui, joindront nos destinées :
Et, tout ingrat qu'il est, il me sera plus doux
De mourir avec lui, que de vivre avec vous.

TRAGÉDIE.

ORESTE.
Non, je vous priverai de ce plaisir funeste,
Madame; il ne mourra que de la main d'Oreste.
Vos ennemis par moi vont vous être immolés,
Et vous reconnaîtrez mes soins, si vous voulez.

HERMIONE.
Allez. De votre sort laissez-moi la conduite,
Et que tous vos vaisseaux soient prêts pour notre fuite.

SCÈNE IV.
HERMIONE, CLÉONE.

CLÉONE.
Vous vous perdez, madame : et vous devez songer...

HERMIONE.
Que je me perde ou non, je songe à me venger.
Je ne sais même encor, quoi qu'il m'ait pu promettre,
Sur d'autres que sur moi si je dois m'en remettre :
Pyrrhus n'est pas coupable à ses yeux comme aux miens :
Et je tiendrais mes coups bien plus sûrs que les siens.
Quel plaisir de venger moi-même mon injure,
De retirer mon bras teint du sang du parjure,
Et, pour rendre sa haine et mes plaisirs plus grands,
De cacher ma rivale à ses regards mourans !
Ah ! si du moins Oreste, en punissant son crime,
Lui laissait le regret de mourir ma victime !
Va le trouver : dis-lui qu'il apprenne à l'ingrat
Qu'on l'immole à ma haine et non pas à l'état.
Chère Cléone, cours : ma vengeance est perdue
S'il ignore en mourant que c'est moi qui le tue.

CLÉONE.
Je vous obéirai. Mais qu'est-ce que je vois !
Oh dieux ! qui l'aurait cru, madame ? c'est le roi !

HEMIONE.
Ah ! cours après Oreste; et dis-lui, ma Cléone,
Qu'il n'entreprenne rien sans revoir Hermione.

ANDROMAQUE,
SCENE V.
PYRRHUS, HERMIONE, PHŒNIX.

PYRRHUS.

Vous ne m'attendiez pas, madame ; et je vois bien
Que mon abord ici trouble votre entretien.
Je ne viens point, armé d'un indigne artifice,
D'un voile d'équité couvrir mon injustice :
Il suffit que mon cœur me condamne tout bas ;
Et je soutiendrais mal ce que je ne crois pas,
J'épouse une Troyenne ; oui, madame : et j'avoue
Que je vous ai promis la foi que je lui voue.
Un autre, vous dirait que, dans les champs troyens,
Nos deux pères, sans nous, formèrent ces liens ;
Et que, sans consulter ni mon choix ni le vôtre,
Nous fumes sans amour, engagés l'un à l'autre :
Mais c'est assez pour moi que je me sois soumis.
Par mes ambassadeurs mon cœur vous fut promis ;
Loin de les révoquer je voulus y souscrire :
Je vous vis avec eux arriver en Épire ;
Et, quoique d'un autre œil l'éclat victorieux
Eût déjà prévenu le pouvoir de vos yeux,
Je ne m'arrêtai point à cette ardeur nouvelle,
Je voulus m'obstiner à vous être fidèle ;
Je vous reçus en reine, et jusques à ce jour
J'ai cru que mes sermens me tiendraient lieu d'amour.
Mais cet amour l'emporte ; et, par un coup funeste,
Andromaque m'arrache un vœux qu'elle déteste :
L'un par l'autre entraînés, nous courons à l'autel
Nous jurer, malgré nous un amour immortel.
Après cela, madame, éclatez contre un traître,
Qui l'est avec douleur, et qui pourtant veut l'être.
Pour moi, loin de contraindre un si juste courroux,
Il me soulagera peut-être autant que vous.
Donnez-moi tous les noms destinés aux parjures :
Je crains votre votre silence et non pas vos injures ;
Et mon cœur soulevant mille secrets témoins,
M'en dira d'autant plus que vous m'en direz moins.

HERMIONE.

Seigneur, dans cet aveu dépouillé d'artifice,
J'aime à voir que du moins vous vous rendiez justice;
Et que voulant bien rompre un nœud si solennel,
Vous vous abandonniez au crime en criminel.
Est-il juste, après tout qu'un conquérant s'abaisse
Sous la servile loi de garder sa promesse?
Non, non, la perfidie a de quoi vous tenter;
Et vous ne me cherchez que pour vous en vanter.
Quoi! sans que ni serment ni devoir vous retienne,
Rechercher une Grecque, amant d'une Troyenne!
Me quitter, me reprendre, et retourner encor
De la fille d'Hélène à la veuve d'Hector!
Couronner tour à tour l'esclave et la princesse!
Immoler Troie aux Grecs, au fils d'Hector la Grèce!
Tout cela part d'un cœur toujours maître de soi,
D'un héros qui n'est point esclave de sa foi.
Pour plaire à votre épouse, il vous faudrait peut-être
Prodiguer les doux noms de parjure et de traître.
Vous veniez de mon front observer la pâleur,
Pour aller dans ses bras rire de ma douleur:
Pleurante après son char vous voulez qu'on me voie.
Mais, seigneur, en un jour ce serait trop de joie;
Et sans chercher ailleurs de titres empruntés,
Ne vous suffit-t-il pas de ceux que vous portez?
Du vieux père d'Hector la valeur abattue.
Aux pieds de sa famille expirante à sa vue,
Tandis que dans son sein votre bras enfoncé
Cherche un reste de sang que l'âge avait glacé;
Dans des ruisseaux de sang Troie ardente plongée,
De votre propre main Polyxène égorgée
Aux yeux de tous les Grecs indignés contre vous:
Que peut-on refuser à ces généreux coups?

PYRRHUS.

Madame, je sais trop à quel excès de rage
La vengeance d'Hélène emporta mon courage;
Je puis me plaindre à vous du sang que j'ai versé:

Mais enfin je consens d'oublier le passé.
Je rends graces au ciel que votre indifférence
De mes heureux soupirs m'apprenne l'innocence
Mon cœur je le vois bien trop prompt à se gêner,
Devait mieux vous connaitre et mieux s'examiner.
Mes remords vous faisaient une injure mortelle ;
Il faut se croire aimé pour se croire infidèle
Vous ne prétendiez point m'arrêter dans vos fers :
J'ai craint de vous trahir, peut-être je vous sers.
Nos cœurs n'etaient point faits dépendans l'un de l'autre :
Je suivais mon devoir et vous cédiez au vôtre.
Rien ne vous engageait à m'aimer en effet.

HERMIONE.

Je ne t'ai point aimé, cruel ! qu'ai-je donc fait ?
J'ai dédaigné pour toi les vœux de tous nos princes :
Je t'ai cherché moi-même au fond de tes provinces ;
J'y suis encor, malgré tes infidélités,
Et malgré tous mes Grecs, honteux de mes bontés :
Je leur ai commandé de cacher mon injure ;
J'attendais en secret le retour d'un parjure ;
J'ai cru que tôt ou tard, à ton devoir rendu,
Tu me rapporterais un cœur qui m'était dû.
Je t'aimais inconstant qu'aurais-je fait fidèle ?
Et même, en ce moment, où ta bouche cruelle
Vient si tranquillement m'annoncer le trépas,
Ingrat, je doute encor si je ne t'aime pas.
Mais, seigneur, s'il le faut, si le ciel en colère
Réserve à d'autres yeux la gloire de vous plaire,
Achevez votre hymen, j'y consens ; mais, du moins,
Ne forcez pas mes yeux d'en être les témoins.
Pour la dernière fois je vous parle peut-être ;
Différez-le d'un jour, demain vous serez maitre...
Vous ne répondez point ?... Perfide ! je le voi,
Tu comptes les momens que tu perds avec moi.
Ton cœur, impatient de revoir ta Troyenne,
Ne souffre qu'à regret qu'une autre t'entretienne :
Tu lui parles du cœur, tu la cherche des yeux.
Je ne te retiens plus, sauve-toi de ces lieux :

Va

Va lui jurer la foi que tu m'avais jurée ;
Va profaner des dieux la majesté sacrée.
Ces dieux, ces justes dieux n'auront pas oublié
Que les mêmes sermens avec moi t'ont lié.
Porte au pied des autels ce cœur qui m'abandonne ;
Va, cours : mais crains encor d'y trouver Hermione.

SCÈNE VI.

PYRRHUS, PHŒNIX.

PHŒNIX.

Seigneur, vous entendez. Gardez de négliger
Une amante en fureur qui cherche à se venger.
Elle n'est en ces lieux que trop bien appuyée ;
La querelle des Grecs à la sienne est liée ;
Oreste l'aime encore ; et peut-être à ce prix...

PYRRHUS.

Andromaque m'attend. Phœnix, garde son fils.

Fin du quatrième Acte.

ACTE V.

SCENE PREMIÈRE.

HERMIONE.

Où suis je ? qu'ai-je fait ? que dois-je faire encore,
Quel transport me saisit ; quel chagrin me dévore !
Errante et sans dessein, je cours dans ce palais,
Ah ! ne puis-je savoir si j'aime ou si je hais ?
Le cruel ! de quel œil il m'a congédiée !
Sans pitié, sans douleur, au moins étudiée :
L'ai-je vu se troubler, et me plaindre un moment ?
En ai-je pu tirer un seul gémissement ?
Muet à mes soupirs tranquille à mes alarmes,
Semblait-il seulement qu'il eût part à mes larmes ?
Et je le plains encore ! et, pour comble d'ennui,
Mon cœur, mon lâche cœur s'intéresse pour lui !
Je tremble au seul penser du coup qui le menace !
Et prête à me venger je lui fais déjà grace !
Non, ne révoquons point l'arrêt de mon courroux,
Qu'il périsse ! aussi-bien il ne vit plus pour nous.
Le perfide triomphe et se rit de ma rage :
Il pense voir en pleurs dissiper cet orage ;
Il croit, que toujours foible, et d'un cœur incertain,
Je parerai d'un bras les coups de l'autre main.
Il juge encor de moi par mes bontés passées.
Mais plutôt le perfide a bien d'autres pensées :
Triomphant dans le temple, il ne s'informe pas
Si l'on souhaite ailleurs sa vie ou son trépas.
Il me laisse, l'ingrat, cet embarras funeste.
Non, non, encore un coup, laissons agir Oreste.
Qu'il meure, puisqu'enfin il a dû le prévoir ;
Et puisqu'il m'a forcée enfin à le vouloir...

A le vouloir! Hé quoi! c'est donc moi qui l'ordonne?
Sa mort sera l'effet de l'amour d'Hermione?
Ce prince dont mon cœur se faisait autrefois
Avec tant de plaisir redire les exploits;
A qui même en secret je m'étais destinée
Avant qu'on eût conclu ce fatal hymenée;
Je n'ai donc traversé tant de mers, tant d'états,
Que pour venir si loin préparer son trépas,
L'assassiner, le perdre? Ah! devant qu'il expire...

SCÈNE II.

HERMIONE, CLÉONE.

HERMIONE.

Ah! qu'ai-je fait, Cléone? et que viens-tu me dire?
Que fait Pyrrhus?

CLÉONE.

Il est au comble de ses vœux,
Le plus fier des mortels, et le plus amoureux.
Je l'ai vu vers le temple, où son hymen s'apprête,
Mener en conquérant sa nouvelle conquête;
Et d'un œil où brillaient sa joie et son espoir,
S'enivrer en marchant du plaisir de la voir.
Andromaque, au travers de mille cris de joie,
Porte jusqu'aux autels le souvenir de Troie;
Incapable toujours d'aimer et de haïr,
Sans joie et sans murmure elle semble obéir.

HERMIONE.

Et l'ingrat? jusqu'au bout il a poussé l'outrage?
Mais as-tu bien, Cléone, observé son visage?
Goûte-t-il des plaisirs tranquilles et parfaits?
N'a-t-il point détourné ses yeux vers le palais?
Dis-moi, ne t'es-tu point présentée à sa vue?
L'ingrat a-t-il rougi lorsqu'il t'a reconnue?
Son trouble avouait-il son infidélité?
A-t-il jusqu'à la fin soutenu sa fierté?

CLÉONE.

Madame, il ne voit rien. Son salut et sa gloire

Semblent être avec vous sortis de sa mémoire.
Sans songer qui le suit, ennemis ou sujets,
Il poursuit seulement ses amoureux projets.
Autour du fils d'Hector il a rangé sa garde,
Et croit que c'est lui seul que le péril regarde.
Phœnix même en répond, qui l'a conduit exprès
Dans un fort éloigné du temple et du palais.
Voilà dans ses transports le seul soin qui lui reste.

HERMIONE.
Le perfide! il mourra. Mais que t'a dit Oreste?

CLÉONE.
Oreste avec ses Grecs dans le temple est entré.

HERMIONE.
Hé bien! à me venger n'est-il pas préparé?

CLÉONE.
Je ne sais.

HERMIONE.
Tu ne sais! Quoi donc! Oreste encore,
Oreste me trahit?

CLÉONE.
Oreste vous adore;
Mais de mille remords son esprit combattu,
Croit tantôt son amour et tantôt sa vertu,
Il respecte en Pyrrhus l'honneur du diadème:
Il respecte en Pyrrhus Achille et Pyrrhus même:
Il craint les Grecs, il craint l'univers en courroux;
Mais il se craint, dit-il, soi-même plus que tous.
Il voudrait en vainqueur vous apporter sa tête :
Le seul nom d'assassin l'épouvante et l'arrête.
Enfin il est entré, sans savoir dans son cœur
S'il en devait sortir coupable ou spectateur.

HERMIONE.
Non, non, il les verra triompher sans obstacle;
Il se gardera bien de troubler ce spectacle.
Je sais de quels remords son courrage est atteint;
Le lâche craint la mort, et c'est tout ce qu'il craint.
Quoi! sans qu'elle employât une seule prière,
Ma mère en sa faveur arma la Grèce entière;
Ses yeux pour leur querelle, en dix ans de combats,

Virent périr vingt rois qu'ils ne connaissaient pas :
Et moi, je ne prétends que la mort d'un parjure,
Et je charge un amant du soin de mon injure ;
Il peut me conquérir à ce prix sans danger ;
Je me livre moi-même, et ne puis me venger !
Allons. C'est à moi seule à me rendre justice.
Que de cris de douleur le temple retentisse :
De leur hymen fatal troublons l'évènement,
Et qu'ils ne soient unis, s'il se peut, qu'un moment.
Je ne choisirai point dans ce désordre extrême :
Tout me sera Pyrrhus, fût-ce Oreste lui-même.
Je mourrai. Mais au moins ma mort me vengera ;
Je ne mourrai pas seule, et quelqu'un me suivra.

SCÈNE III.

ORESTE, HERMIOME, CLÉONE.

ORESTE.

Madame, c'en est fait, et vous êtes servie :
Pyrrhus rend à l'autel son infidèle vie.

HERMIONE.

Il est mort !

ORESTE.

Il expire ; et nos Grecs irrités
Ont lavé dans son sang ses infidélités.
Je vous l'avais promis ; et, quoique mon courage
Se fit de ce complot une funeste image,
J'ai couru vers le temple, où nos Grecs dispersés
Se sont jusqu'à l'autel dans la foule glissés.
Pyrrhus m'a reconnu, mais sans changer de face :
Il semblait que ma vue excitât son audace ;
Que tous les Grecs, bravés en leur ambassadeur,
Dussent de son hymen relever la splendeur.
Enfin avec transport prenant son diadème,
Sur le front d'Andromaque il l'a posé lui-même :
« Je vous donne, a-t-il dit, ma couronne et ma foi,
« Andromaque, régnez sur l'Épire et sur moi.
« Je voue à votre fils une amitié de Père ;

« J'en atteste les dieux, je le jure à sa mère :
« Pour tous mes ennemis je déclare les siens,
« Et je le reconnais pour le roi des Troyens. »
A ces mots, qui du peuple attiraient le suffrage,
Nos Grecs n'ont répondu que par un cri de rage ;
L'infidèle s'est vu par-tout envelopper,
Et je n'ai pu trouver de place pour frapper :
Chacun se disputait la gloire de l'abattre.
Je l'ai vu dans leurs mains quelque temps se débattre,
Tout sanglant à leurs coups vouloir se dérober ;
Mais enfin à l'autel il est allé tomber.
Du peuple épouvanté j'ai traversé la presse
Pour venir de ces lieux enlever ma princesse,
Et regagner le port, où bientôt nos amis
Viendront couverts du sang que je vous ai promis.

HERMIONE.

Qu'ont-ils faits !

ORESTE.

Pardonnez à leur impatience :
Ils ont, je le vois bien, trahi votre vengeance ;
Vous vouliez que ma main portât les premiers coups ;
Qu'il sentît en mourant qu'il expirait pour vous.
Mais c'est moi dont l'ardeur leur a servi d'exemple :
Je les ai pour vous seule entraînés dans le temple,
Madame, et vous pouvez justement vous flatter
D'une mort que leurs bras n'ont fait qu'exécuter.
Vous seule avez poussé les coups...

HERMIONE.

Tais-toi, perfide,
Et n'impute qu'à toi ton lâche parricide.
Va faire chez tes Grecs admirer ta fureur,
Va ; je la désavoue, et tu me fais horreur.
Barbare, qu'as-tu fait ? avec quelle furie
As-tu tranché le cours d'une si belle vie ?
Avez-vous pu, cruels, l'immoler aujourd'hui
Sans que tout votre sang se soulevât pour lui ?
Mais parle ; de son sort qui t'a rendu l'arbitre ?
Pourquoi l'assassiner ? qu'a-t-il fait ? à quel titre ?
Qui te l'a dit ?

ORESTE.
Oh dieux! quoi! ne m'avez-vous pas
Vous-même, ici tantôt, ordonné son trépas?

HERMIONE.
Ah! fallait-il en croire une amante insensée?
Ne devais-tu pas lire au fond de ma pensée?
Et ne voyais-tu pas dans mes emportemens,
Que mon cœur démentait ma bouche à tous momens?
Quand je l'aurais voulu, faillait-il y souscrire?
N'as-tu pas dû cent fois te le faire redire?
Toi même avant le coup me venir consulter?
Y revenir encore, ou plutôt m'éviter!
Que ne me laissais-tu le soin de ma vengeance?
Qui t'amène en des lieux où l'ont fui ta présence?
Voilà de ton amour le détestable fruit :
Tu m'apportais, cruel, le malheur qui te suit.
C'est toi dont l'ambassade, à tous les deux fatale,
L'a fait pour son malheur pencher vers ma rivale.
Nous le verrions encor nous partager ses soins :
Il m'aimerait peut-être; il le feindrait du moins.
Adieu. Tu peux partir. Je demeure en Épire;
Je renonce à la Grèce, à Sparte, à son empire,
A toute ma famille; et c'est assez pour moi,
Traître, qu'elle ait produit un monstre comme toi.

SCENE IV.

ORESTE.
Que vois-je? est-ce Hermione? et que viens-je d'entendre?
Pour qui coule le sang que je viens de répandre?
Je suis, si je l'en crois, un traître, un assassin.
Est-ce Pyrrhus qui meurt? et suis-je Oreste enfin?
Quoi! j'étouffe en mon cœur la raison qui m'éclaire;
J'assassine à regret un roi que je révère;
Je viole en un jour les droits des souverains,
Ceux des ambassadeurs, et tous ceux des humains

Ceux même des autels où ma fureur l'assiège ;
Je deviens parricide, assassin, sacrilège ;
Pour qui ? pour un ingrate à qui je le promets,
Qui même, s'il ne meurt, ne me verra jamais,
Dont j'épouse la rage : et quand je l'ai servie,
Elle me redemande et son sang et sa vie !
Ele l'aime ! et je suis un monstre furieux !
Je la vois pour jamais s'éloigner de mes yeux !
Et l'ingrate en fuyant me laisse pour salaire
Tous les noms odieux que j'ai pris pour lui plaire !

SCENE V.

ORESTE, PYLADE, SOLDATS D'ORESTE.

PYLADE.

Il faut partir, seigneur. Sortons de ce palais,
Ou bien résolvons-nous de n'en sortir jamais.
Nos Grecs pour un moment en défendent la porte ;
Tout le peuple assemblé nous poursuit à main forte.
Aux ordres d'Andromaque ici tout est soumis ;
Ils la traitent en reine, et nous comme ennemis.
Andromaque elle-même, à Pyrrhus si rebelle,
Lui rend tous les devoirs d'une veuve fidèle,
Commande qu'on le venge, et peut-être sur nous
Veut venger Troie encore et son premier époux.
Allons, n'attendons pas que l'on nous environne ;
Nos Grecs nous rejoindront : et tandis qu'Hermione
Tient encore le peuple autour d'elle arrêté,
Voilà notre chemin, sortons en sûreté.

ORESTE.

Non, non, c'est Hermione, amis, que je veux suivre,
A son dernier arrêt je ne puis plus survivre ;
Partez : j'ai fait le crime, et je vais l'expier.

PYLADE.

Hermione, seigneur ? il la faut oublier.
Quoi ! toujours l'instrument et l'objet de sa rage,
Cherchez-vous chez les morts quelque nouvel outrage ?

Et parce qu'elle meurt faut-il que vous mouriez ?
ORESTE.
Elle meurt ! dieux ! qu'entends-je !
PYLADE.
Hé quoi ! vous l'ignoriez !
En rentrant dans ces lieux nous l'avons rencontrée
Qui courait vers le temple, inquiète, égarée.
Elle a trouvé Pyrrhus porté sur des soldats
Que son sang excitait à venger son trépas.
Sans doute à cet objet sa rage s'est émue.
Mais du haut de la porte enfin nous l'avons vue
Un poignard à la main sur Pyrrhus se courber,
Lever les yeux au ciel, se frapper et tomber.
ORESTE.
Grace aux dieux, mon malheur passe mon espérance !
Oui, je te loue, ô ciel, de ta persévérance :
Appliqué sans relâche au soin de me punir,
Au comble des douleurs tu m'as fait parvenir :
Ta haine a pris plaisir à former ma misère ;
J'étais né pour servir d'exemple à ta colère,
Pour être du malheur un modèle accompli :
Hé bien ! je meurs content, et mon sort est rempli.
Où sont ces deux amans ! Pour couronner ma joie,
Dans leur sang, dans le mien, il faut que je me noie ;
L'un et l'autre en mourant je les veux regarder :
Réunissons trois cœurs qui n'ont pu s'accorder.
Mais quelle épaisse nuit tout à coup m'environne ?
De quel côté sortir ? D'où vient que je frissonne ?
Quelle horreur me saisit ? Grace au ciel, j'entrevoi...
Dieux ! quels ruisseaux de sang coulent autour de moi !
PYLADE.
Ah, seigneur !
ORESTE.
Quoi ! Pyrrhus, je te rencontre encore !
Trouverai-je par-tout un rival que j'abhorre ?
Percé de tant de coups, comment t'es-tu sauvé ?
Tiens, tiens, voilà le coup que je t'ai réservé.
Mais que vois-je ? A mes yeux Hermione l'embrasse !
Elle vient l'arracher au coup qui le menace !

L 5

Dieux ! quels affreux regards elle jette sur moi !
Quels démons, quels serpens traine-t-elle après soi !
Hé bien ! filles d'enfer, vos mains sont-elles prêtes ?
Pour qui sont ces serpens qui sifflent sur vos têtes ?
A qui destinez-vous l'appareil qui vous suit ?
Venez-vous m'enlever dans l'éternelle nuit ?
Venez, à vos fureurs Oreste s'abandonne.
Mais non, retirez-vous, laissez faire Hermione :
L'ingrate mieux que vous saura me déchirer ;
Et je lui porte enfin mon cœur à dévorer.

PYLADE.

Il perd le sentiment. Amis, le temps nous presse ;
Ménageons les momens que ce transport nous laisse.
Sauvons-le. Nos efforts deviendraient impuissans
S'il reprenait ici sa rage avec ses sens.

FIN D'ANDROMAQUE.

LES PLAIDEURS,
COMÉDIE.

1668.

PERSONNAGES.

DANDIN, juge.
LÉANDRE, fils de Dandin.
CHICANEAU, bourgeois.
ISABELLE, fille de Chicaneau.
LA COMTESSE.
PETIT-JEAN, portier.
L'INTIMÉ, secrétaire.
LE SOUFFLEUR.

La scène est dans une ville de basse Normandie

LES PLAIDEURS,
COMEDIE.

ACTE PREMIER.

SCÈNE PREMIÈRE.

PETIT-JEAN, *traînant un gros sac de procès.*

Ma foi ! sur l'avenir bien fou qui se fiera.
Tel qui rit vendredi, dimanche pleurera.
Un juge, l'an passé, me prit à son service ;
Il m'avait fait venir d'Amiens pour être suisse.
Tous ces Normands voulaient se divertir de nous :
On apprend à hurler, dit l'autre, avec les loups.
Tout Picard que j'étais, j'étais un bon apôtre,
Et je faisais claquer mon fouet tout comme un autre.
Tous les plus gros monsieurs me parlaient chapeau
 bas ;
Monsieur de Petit-Jean, ah ! gros comme le bras,
Mais sans argent l'honneur n'est qu'une maladie.
Ma foi ! j'étais un franc portier de comédie :
On avait beau heurter et m'ôter son chapeau,
On n'entrait point chez nous sans graisser le mar-
 teau !
Point d'argent, point de suisse, et ma porte était
 close.
Il est vrai qu'à monsieur j'en rendais quelque chose ;
Nous comptions quelquefois. On me donnait le
 soin
De fournir la maison de chandelle et de foin :
Mais je n'y perdais rien. Enfin, vaille que vaille,
J'aurais sur le marché bientôt fourni la paille.

C'est dommage : il avait le cœur trop au métier;
Tous les jours le premier aux plaids, et le dernier;
Et bien souvent tout seul, si l'on l'eût voulu croire,
Il s'y serait couché sans manger et sans boire.
Je lui disais par fois : Monsieur Perrin Dandin,
Tout franc, vous vous levez tous les jours trop matin.
Qui veut voyager loin ménage sa monture;
Buvez, mangez, dormez, et faisons feu qui dure.
Il n'en a tenu compte. Il a si bien veillé
Et si bien fait, qu'on dit que son timbre est brouillé.
Il nous veut tous juger les uns après les autres.
Il marmotte toujours certaines patenôtres
Où je ne comprends rien. Il veut, bon gré, malgré,
Ne se coucher qu'en robe et qu'en bonnet carré.
Il fit couper la tête à son coq, de colère,
Pour l'avoir éveillé plus tard qu'à l'ordinaire;
Il disait qu'un plaideur dont l'affaire allait mal
Avait graissé la patte à ce pauvre animal.
Depuis ce bel arrêt, le pauvre homme a beau faire,
Son fils ne souffre plus qu'on lui parle d'affaire.
Il nous le fait garder jour et nuit, et de près :
Autrement, serviteur, et mon homme est aux plaids.
Pour s'échapper de nous, Dieu sait s'il est alègre.
Pour moi, je ne dors plus : aussi je deviens maigre,
C'est pitié. Je m'étends, et ne fais que bâiller,
Mais, veille qui voudra, voici mon oreiller.
Ma foi! pour cette nuit il faut que je m'en donne.
Pour dormir dans la rue on n'offense personne.
Dormons.

(*Il se couche par terre.*)

SCÈNE II.

L'INTIMÉ, PETIT-JEAN.

L'INTIMÉ.

Hé, Petit-Jean! Petit-Jean!

COMÉDIE.

PETIT-JEAN.
L'Intimé !
(*à part.*)
Il a déjà bien peur de me voir enrhumé.
L'INTIMÉ.
Que diable ! si matin que fais-tu dans la rue ?
PETIT-JEAN.
Est-ce qu'il faut toujours faire le pied de grue,
Garder toujours un homme et l'entendre crier ?
Quelle gueule ! Pour moi je crois qu'il est sorcier.
L'INTIMÉ.
Bon !
PETIT-JEAN
Je lui disais donc, en me grattant la tête,
Que je voulais dormir. « Présente ta requête.
« comme tu veux dormir » m'a-t-il dit gravement.
Je dors en te contant la chose seulement.
Bon soir.
L'INTIMÉ.
Comment, bon soir ? Que le diable m'emporte
Si... Mais j'entends du bruit au-dessus de la porte.

SCÈNE III.

DANDIN, L'INTIMÉ, PETIT-JEAN.

DANDIN, *à la fenêtre*.
Petit-Jean ! l'Intimé !
L'INTIMÉ, *à Petit-Jean*.
Paix.
DANDIN.
Je suis seul ici.
Voilà mes guichetiers en défaut, dieu merci.
Si je leur donne temps, ils pourront comparaître ;
Çà, pour nous élargir, sautons par la fenêtre.
Hors de cour.
L'INTIMÉ.
Comme il saute !

PETIT-JEAN.
O monsieur, je vous tien.
DANDIN.
Au voleur ! au voleur !
PETIT-JEAN.
Oh ! nous vous tenons bien.
L'INTIMÉ.
Vous avez beau crier.
DANDIN.
Main forte ! l'on me tue !

SCENE IV.

LÉANDRE, DANDIN, L'INTIMÉ, PETIT-JEAN.

LÉANDRE.
Vite un flambeau ! j'entends mon père dans la rue.
Mon père, si matin qui vous fait déloger ?
Où courez-vous la nuit ?
DANDIN.
Je veux aller juger.
LÉANDRE.
Et qui juger ? tout dort.
PETIT-JEAN.
Ma foi ! je ne dors guères.
LÉANDRE.
Que de sacs ! il en a jusques aux jarretières.
DANDIN.
Je ne veux de trois mois rentrer dans la maison.
De sacs et de procès j'ai fait provision.
LÉANDRE.
Et qui vous nourrira ?
DANDIN.
Le buvetier, je pense.
LÉANDRE.
Mais où dormirez-vous ; mon père ?
DANDIN.
A l'audience.

COMÉDIE.

LÉANDRE.

Non, mon père, il vaut mieux que vous ne sortiez pas.
Dormez chez vous ; chez vous faites tous vos repas.
Souffrez que la raison enfin vous persuade :
Et pour votre santé...

DANDIN.

Je veux être malade.

LÉANDRE.

Vous ne l'êtes que trop. Donnez-vous du repos ;
Vous n'avez tantôt plus que la peau sur les os.

DANDIN.

Du repos ? Ah ! sur toi tu veux régler ton père ?
Crois-tu qu'un juge n'ait qu'à faire bonne chère,
Qu'à battre le pavé comme un tas de galants,
Courir le bal la nuit, et le jour les brelans ?
L'argent ne nous vient pas si vite que l'on pense.
Chacun de tes rubans me coûte une sentence.
Ma robe vous fait honte. Un fils de juge ! Ah ! fi !
Tu fais le gentilhomme : hé ! Dandin, mon ami,
Regarde dans ma chambre et dans ma garde-robe
Les portraits des Dandins : tous ont porté la robe ;
Et c'est le bon parti. Compare prix pour prix
Les étrennes d'un juge à celles d'un marquis :
Attends que nous soyons à la fin de décembre.
Qu'es-ce qu'un gentilhomme ? Un pilier d'antichambre.
Combien en as-tu vu, je dis des plus huppés,
A souffler dans leurs doigts dans ma cour occupés,
Le manteau sur le nez, ou la main dans la poche ;
Enfin, pour se chauffer, venir tourner ma broche ?
Voilà comme on les traite. Hé ! mon pauvre garçon,
De ta défunte mère est-cela la leçon ?
La pauvre Babonnette ! Hélas lorsque j'y pense,
Elle ne manquait pas une seule audience.
Jamais, au grand jamais, elle ne me quitta,
Et Dieu sait bien souvent ce qu'elle en rapporta !
Elle eût du buvetier emporté les serviettes,

Plutôt que de rentrer au logis les mains nettes.
Et voilà comme on fait les bonnes maisons. Va,
Tu ne seras qu'un sot.

LÉANDRE.

Vous vous morfondez là,
Mon père. Petit-Jean, ramenez votre maître,
Couchez-le dans son lit ; fermez porte, fenêtre ;
Qu'on barricade tout, afin qu'il ait plus chaud.

PETIT-JEAN.

Faites donc mettre au moins des garde-fous là-haut.

DANDIN.

Quoi ! l'on me menera coucher sans autre forme ?
Obtenez un arrêt comme il faut que je dorme.

LÉANDRE.

Hé ! par provision, mon père, couchez-vous.

DANDIN.

J'irai ; mais je m'en vais vous faire enrager tous :
Je ne dormirai point.

LÉANDRE.

Hé bien, à la bonne heure.
Qu'on ne le quitte pas. Toi, l'Intimé, demeure.

SCENE V.

LÉANDRE, L'INTIMÉ,

LÉANDRE.

Je veux t'entretenir un moment sans témoin.

L'INTIMÉ.

Quoi ? vous faut-il garder ?

LÉANDRE.

J'en aurais bon besoin.
J'ai ma folie, hélas ! aussi-bien que mon père.

L'INTIMÉ.

Oh ! vous voulez juger ?

LÉANDRE, *montrant le logis d'Isabelle.*

Laissons là le mystère.
Tu connais ce logis.

COMÉDIE.

L'INTIMÉ.

Je vous entends enfin :
Diantre ! l'amour vous tient au cœur de bon matin.
Vous me voulez parler sans doute d'Isabelle.
Je vous l'ai dit cent fois, elle est sage, elle est belle ;
Mais vous devez songer que monsieur Chicaneau
De son bien en procès consume le plus beau.
Qui ne plaide-t-il point ? Je crois qu'à l'audience
Il fera, s'il ne meurt, venir toute la France.
Tout auprès de son juge il s'est venu loger :
L'un veut plaider toujours, l'autre toujours juger.
Et c'est un grand hasard s'il conclut votre affaire
Sans plaider le curé, le gendre et le notaire.

LÉANDRE.

Je le sais comme toi. Mais, malgré tout cela
Je meurs pour Isabelle.

L'INTIMÉ.

Hé bien, épousez-la.
Vous n'avez qu'à parler, c'est une affaire prête.

LÉANDRE.

Hé ! cela ne va pas si vite que ta tête.
Son père est un sauvage à qui je ferais peur.
A moins que d'être huissier, sergent ou procureur,
On ne voit point sa fille ; et la pauvre Isabelle,
Invisible et dolente, est en prison chez elle.
Elle voit dissiper sa jeunesse en regrets.
Mon amour en fumée, et son bien en procès.
Il la ruinera si l'on le laisse faire.
Ne connaîtrais-tu pas quelque honnête faussaire
Qui servît ses amis, en le payant, s'entend,
Quelque sergent zélé ?

L'INTIMÉ.

Bon ! l'on en trouve tant !

LÉANDRE.

Mais encore ?

L'INTIMÉ.

Ah, monsieur ! si feu mon pauvre père
Était encore vivant, c'était bien votre affaire.

Il gagnait en un jour plus qu'un autre en six mois :
Ses rides sur son front gravaient tous ses exploits.
Il vous eût arrêté le carosse d'un prince ;
Il vous l'eût pris lui-même : et si dans la province
Il se donnait en tout vingt coups de nerfs de bœuf,
Mon père pour sa part en emboursait dix-neuf.
Mais de quoi s'agit-il ? suis-je pas fils de maître ?
Je vous servirai.

LÉANDRE.
Toi ?

L'INTIMÉ.
Mieux qu'un sergent peut-être.

LÉANDRE.
Tu porterais au père un faux exploit ?

L'INTIMÉ.
Hon, hon.

LÉANDRE.
Tu rendrais à la fille un billet ?

L'INTIMÊ.
Pourquoi non ?
Je suis des deux métiers.

LÉANDRE.
Viens, je l'entends qui crie ;
Allons à ce dessein rêver ailleurs.

SCENE VI.

CHICANEAU, PETIT-JEAN.

CHICANEAU, *allant et revenant.*

La Brie,
Qu'on garde la maison : je reviendrai bientôt.
Qu'on ne laisse monter aucune ame là-haut.
Fais porter cette lettre à la poste du Maine.
Prends-moi dans mon clapier trois lapins de garenne,
Et chez mon procureur porte-les ce matin.
Si son clerc vient céans, fais-lui goûter mon vin.
Ah ! donne-lui ce sac qui pend à ma fenêtre.

Est-ce tout ? Il viendra me demander peut-être
Un grand homme sec, là, qui me sert de témoin,
Et qui jure pour moi lorsque j'en ai besoin :
Qu'il m'attende. Je crains que mon juge ne sorte :
Quatre heures vont sonner. Mais frappons à sa
  porte.

PETIT-JEAN, *entr'ouvant la porte.*

Qui va là ?

CHICANEAU.

Peut-on voir monsieur ?

PETIT-JEAN, *fermant la porte.*

Non.

CHICANEAU, *frappant à la porte.*

Pourrait-on
Dire un mot à monsieur son secrétaire ?

PETIT-JEAN, *fermant la porte.*

Non.

CHICANEAU, *frappant à la porte.*

Et monsieur son portier ?

PETIT-JEAN.

C'est moi-même.

CHICANEAU.

De grace
Buvez à ma santé, monsieur.

PETIT-JEAN, *prenant l'argent.*

Grand bien vous fasse !
(*fermant la porte.*)
Mais revenez demain.

CHICANEAU.

Hé ! rendez donc l'argent.
Le monde est devenu, sans mentir, bien méchant.
J'ai vu que les procès ne donnaient point de peine ;
Six écus en gagnaient une demi-douzaine.
Mais aujourd'hui, je crois que tout mon bien en-
  tier
Ne me suffirait pas pour gagner un portier.
Mais j'aperçois venir madame la comtesse
De Pimbesche. Elle vient pour affaire qui presse.

LES PLAIDEURS,

SCENE VII.

LA COMTESSE, CHICANEAU.

CHICANEAU.
Madame, on n'entre plus.
LA COMTESSE.
Hé bien ! l'ai-je pas dit !
Sans mentir, mes valets me font perdre l'esprit.
Pour les faire lever c'est en vain que je gronde,
Il faut que tous les jours j'éveille tout mon monde.
CHICANEAU.
Il faut absolument qu'il se fasse celer.
LA COMTESSE.
Pour moi depuis deux jours je ne lui puis parler.
CHICANEAU.
Ma partie est puissante, et j'ai lieu de tout craindre.
LA COMTESSE.
Après ce qu'on ma fait, il ne faut plus se plaindre.
CHICANEAU.
Si pourtant j'ai bon droit.
LA COMTESSE.
Ah ! monsieur ! quel arrêt !
CHICANEAU.
Je m'en rapporte à vous. Ecoutez, s'il vous plait.
LA COMTESSE.
Il faut que vous sachiez, monsieur, la perfidie...
CHICANEAU.
Ce n'est rien dans le fond.
LA COMTESSE.
Monsieur, que je vous die...
CHICANEAU.
Voici le fait. Depuis quinze ou vingt ans en çà,
Au travers d'un mien pré certain ânon passa,
S'y veautra, non sans faire un notable dommage,
Dont je formai ma plainte au juge du village.
Je fais saisir l'ânon. Un expert est nommé ;
A deux bottes de foin le dégât estimé.

Enfin, au bout d'un an, sentence par laquelle
Nous sommes renvoyés hors de cour. J'en appelle.
Pendant qu'à l'audience on poursuit un arrêt,
Remarquez bien ceci, madame, s'il vous plaît ;
Notre ami Drolichon, qui n'est pas une bête,
Obtient pour quelque argent un arrêt sur requête;
Et je gagne ma cause. A cela que fait-on ?
Mon chicaneur s'oppose à l'exécution.
Autre incident : tandis qu'au procès on travaille,
Ma partie en mon pré laisse aller sa volaille.
Ordonné qu'il sera fait rapport à la cour
Du foin que peut manger une poule en un jour :
Le tout joint au procès. Enfin, et toute chose
Demeurant en état, on appointe la cause
Le cinquième ou sixième avril cinquante-six.
J'écris sur nouveaux frais. Je produits, je fournis
De dits, de contredits, enquêtes, compulsoires,
Rapports d'experts, transports, trois interlocutoi-
 res,
Griefs et faits nouveaux, beaux et procès-verbaux.
J'obtiens lettres royaux, et je m'inscris en faux.
Quatorze appointemens, trente exploits, six instan-
 ces,
Six-vingts productions, vingt arrêts de défenses,
Arrêt enfin. Je perds ma cause avec dépens,
Estimés environ cinq à six mille francs.
Est-ce là faire droit ? est-ce là comme on juge ?
Après quinze ou vingt ans ! Il me reste un refuge ;
La requête civile est ouverte pour moi,
Je ne suis pas rendu. Mais vous, comme je voi,
Vous plaidez ?

    LA COMTESSE.
 Plût à dieu !
    CHICANEAU.
      J'y brûlerai mes livres.
    LA COMTESSE.
Je...
    CHICANEAU.
Deux bottes de foin cinq à six milles livres !

LA COMTESSE.

Monsieur, tous mes procès allaient être finis :
Il ne m'en restait plus que quatre ou cinq petits ;
L'un contre mon mari, l'autre contre mon père,
Et contre mes enfans : ah, monsieur ! la misère !
Je ne sais quel biais ils ont imaginé,
Ni tout ce qu'ils ont fait ; mais on leur a donné
Un arrêt par lequel, moi vêtue et nourrie,
On me défend, monsieur, de plaider de ma vie.

CHICANEAU.

De plaider !

LA COMTESSE.
De plaider.

CHICANEAU.
Certes, le trait est noir.
J'en suis surpris.

LA COMTESSE.
Monsieur, j'en suis au désespoir.

CHICANEAU.
Comment ! lier les mains aux gens de votre sorte !
Mais cette pension, madame, est-elle forte ?

LA COMTESSE.
Je n'en vivrais, monsieur, que trop honnêtement.
Mais vivre sans plaider, est-ce contentement ?

CHICANEAU.
Des chicaneurs viendront nous manger jusqu'à
 l'âme,
Et nous ne dirons mot ! Mais, s'il vous plaît ma-
 dame,
Depuis quand plaidez-vous ?

LA COMTESSE.
Il ne m'en souvient pas.
Depuis trente ans au plus.

CHICANEAU.
Ce n'est pas trop.

LA COMTESSE.
Hélas

CHICANEAU.
Et quel âge avez-vous ? Vous avez bon visage.

LA COMTESS

COMÉDIE.

LA COMTESSE.

Hé ! quelque soixante ans.

CHICANEAU.

Comment ! c'est le bel âge
Pour plaider.

LA COMTESSE.

Laissez faire, ils ne sont pas au bout.
J'y vendrai ma chemise ; et je veux rien ou tout.

CHICANEAU.

Madame, écoutez-moi. Voici ce qu'il faut faire.

LA COMTESSE.

Oui, monsieur, je vous crois comme mon propre père.

CHICANEAU.

J'irais trouver mon juge.

LA COMTESSE.

Oh ! oui, monsieur, j'irai.

CHICANEAU.

Me jeter à ses pieds.

LA COMTESSE.

Oui, je m'y jetterai,
Je l'ai bien résolu.

CHICANEAU.

Mais daignez donc m'entendre.

LA COMTESSE.

Oui, vous prenez la chose ainsi qu'il la faut prendre.

CHICANEAU.

Avez-vous dit, madame ?

LA COMTESSE.

Oui.

CHICANEAU.

J'irais sans façon
Trouver mon juge.

LA COMTESSE.

Hélas ! que ce monsieur est bon !

CHICANEAU.

Si vous parlez toujours, il faut que je me taise.

LES PLAIDEURS,

LA COMTESSE.
Ah ! que vous m'obligez ! Je ne me sens pas d'aise.
CHICANEAU.
J'irais trouver mon juge et lui dirais...
LA COMTESSE.
Oui.
CHICANEAU.
Voi !
Et lui dirais, monsieur...
LA COMTESSE.
Oui, monsieur.
CHICANEAU.
Liez-moi.
LA COMTESSE.
Monsieur, je ne veux point être liée.
CHICANEAU.
A l'autre !
LA COMTESSE.
Je ne la serai point !
CHICANEAU.
Quelle humeur est la vôtre !
LA COMTESSE.
Non.
CHICANEAU.
Vous ne savez pas, madame, où je viendrai.
LA COMTESSE.
Je plaiderai, monsieur, ou bien je ne pourrai.
CHICANEAU.
Mais...
LA COMTESSE.
Mais je ne veux point, monsieur, que l'on me lie.
CHICANEAU.
Enfin quand une femme en tête a sa folie.
LA COMTESSE.
Fou vous-même.
CHICANEAU.
Madame !
LA COMTESSE.
Et pourquoi me lire ?

CHICANEAU.
Madame...

LA COMTESSE.
Voyez-vous ! il se rend familier.

CHICANEAU.
Mais, madame.

LA COMTESSE.
Un crasseux qui n'a que sa chicane
Veut donner des avis !

CHICANEAU.
Madame !

LA COMTESSE.
Avec son âne !

CHICANEAU.
Vous me poussez.

LA COMTESSE.
Bon homme, allez garder vos soins.

CHICANEAU.
Vous m'excédez.

LA COMTESSE.
Le sot !

CHICANEAU.
Que n'ai-je des témoins !

SCÈNE VIII.

PETIT-JEAN, LA COMTESSE, CHICANEAU.

PETIT-JEAN.
Voyez le beau sabbat qu'ils font à notre porte.
Messieurs, allez plus loin tempêter de la sorte.

CHICANEAU.
Monsieur, soyez témoin...

LA COMTESSE.
Que monsieur est un sot.

CHICANEAU.
Monsieur, vous l'entendez, retenez bien ce mot.

PETIT-JEAN, *à la comtesse.*
Ah ! vous ne deviez pas lâcher cette parole.

LA COMTESSE.
Vraiment, c'est bien à lui de me traiter de folle.

PETIT-JEAN, à *Chicaneau.*
Folle ! Vous avez tort. Pourquoi l'injurier.

CHICANEAU.
On la conseille.

PETIT-JEAN.
Oh !

LA COMTESSE.
Oui, de me faire lier.

PETIT-JEAN.
Oh, monsieur !

CHICANEAU.
Jusqu'au bout que ne m'écoute-t-elle ?

PETIT-JEAN.
Oh, madame !

LA COMTESSE.
Qui ? moi, souffrir qu'on me querelle ?

CHICANEAU.
Une crieuse !

PETIT-JEAN.
Hé ! paix.

LA COMTESSE.
Un chicaneur !

PETIT-JEAN.
Holà.

CHICANEAU.
Qui n'ose plus plaider !

LA COMTESSE.
Que t'importe cela ?
Qu'est-ce qui t'en revient, faussaire abominable,
Brouillon, voleur ?

CHICANEAU.
Et bon, et bon, de par le diable :
Un sergent ! un sergent !

LA COMTESSE.
Un huissier ! un huissier !

PETIT-JEAN, *seul.*
Ma foi, juge et plaideurs, il faudrait tout lier.

Fin du premier Acte.

ACTE II.

SCENE PREMIÈRE.

LÉANDRE, L'INTIMÉ.

L'INTIMÉ.

Monsieur, encore un coup, je ne puis pas tout faire
Puisque je fais l'huissier, faites le commissaire.
En robe sur mes pas il ne faut que venir,
Vous aurez tout moyen de vous entretenir.
Changez en cheveux noirs votre perruque blonde.
Ces plaideurs songent-ils que vous soyez au monde?
Hé! lorsqu'à votre père ils vont faire leur cour,
A peine seulement savez-vous s'il est jour.
Mais n'admirez-vous pas cette bonne comtesse
Qu'avec tant de bonheur la fortune m'adresse;
Qui, dès qu'elle me voit, donnant dans le panneau,
Me charge d'un exploit pour monsieur Chicaneau,
Et le fait assigner pour certaine parole,
Disant qu'il la voudrait faire passer pour folle,
Je dis folle à lier, et pour d'autres excès
Et blasphèmes, toujours l'ornement des procès?
Mais vous ne dites rien de tout mon équipage?
Ai-je bien d'un sergent le port et le visage?

LÉANDRE.

Ah! fort bien!

L'INTIMÉ.

Je ne sais, mais je me sens enfin
L'ame et le dos six fois plus durs que ce matin.
Quoi qu'il en soit, voici l'exploit et votre lettre;
Isabelle l'aura, j'ose vous le promettre.
Mais pour faire signer le contrat que voici,
Il faut que sur mes pas vous vous rendiez ici.
Vous feindrez d'informer sur toute cette affaire,
Et vous ferez l'amour en présence du père.

LÉANDRE.

Mais ne va pas donner l'exploit pour le billet.

L'INTIMÉ.

Le père aura l'exploit, la fille le poulet.
Rentrez.

(*L'Intimé va frapper à la porte d'Isabelle.*)

SCENE II.

ISABELLE, L'INTIMÉ.

ISABELLE.

Qui frappe ?

L'INTIMÉ.

Ami. (*à part.*) C'est la voix d'Isabelle.

ISABELLE.

Demandez-vous quelqu'un, monsieur ?

L'INTIMÉ.

         Mademoiselle,
C'est un petit exploit que j'ose vous prier
De m'accorder l'honneur de vous signifier.

ISABELLE.

Monsieur, excusez-moi, je n'y puis rien comprendre.
Mon père va venir qui pourra vous entendre.

L'INTIMÉ.

Il n'est donc pas ici, mademoiselle ?

ISABELLE.

            Non.

L'INTIMÉ.

L'exploit, mademoiselle, est mis sous votre nom.

ISABELLE.

Monsieur, vous me prenez pour un autre, sans
 doute :
Sans avoir de procès, je sais ce qu'il en coûte ;
Et si l'on n'aimait pas à plaider plus que moi,
Vos pareils pourraient bien chercher un autre emploi.
Adieu.

COMÉDIE.

L'INTIMÉ.
Mais permettez...
ISABELLE.
Je ne veux rien permettre.
L'INTIMÉ.
Ce n'est point un exploit.
ISABELLE.
Chanson !
L'INTIMÉ.
C'est une lettre.
ISABELLE.
Encor moins.
L'INTIMÉ.
Mais lisez.
ISABELLE.
Vous ne m'y tenez pas.
L'INTIMÉ.
C'est de monsieur...
ISABELLE.
Adieu.
L'INTIMÉ.
Léandre.
ISABELLE.
Parlez bas.
C'est de monsieur ?...
L'INTIMÉ.
Que diable ! on a bien de la peine
A se faire écouter : je suis tout hors d'haleine.
ISABELLE.
Ah ! l'Intimé ! pardonne à mes sens étonnés :
Donne.
L'INTIMÉ.
Vous me deviez fermer la porte au nez.
ISABELLE.
Et qui t'aurait connu déguisé de la sorte ?
Mais donne.
L'INTIMÉ.
Aux gens de bien ouvre-t-on votre porte ?

ISABELLE.

Hé ? donne donc.

L'INTIMÉ.

La peste !...

ISABELLE.

Oh ! ne donnez donc pas :
Avec votre billet retournez sur vos pas.

L'INTIMÉ.

Tenez. Une autre fois ne soyez pas si prompte.

SCENE III.

CHICANEAU, ISABELLE, L'INTIMÉ.

CHICANEAU.

Oui, je suis donc un sot, un voleur, à son compte !
Un sergent s'est chargé de la remercier ;
Et je luis vais servir un plat de mon métier.
Je serais bien fâché que ce fut à refaire,
Ni qu'elle m'envoyât assigner la première.
Mais un homme ici parle à ma fille ! comment ?
Elle lit un billet ! Ah ! c'est de quelque amant.
Approchons.

ISABELLE.

Tout de bon, ton maître est-il sincère ?
Le croirai-je ?

L'INTIMÉ.

Il ne dort non plus que votre père.
Il se tourmente : il vous... (*apercevant Chicaneau.*)
fera voir aujourd'hui
Que l'on ne gagne rien à plaider contre lui.

ISABELLE, *apercevant Chicaneau.*

C'est mon père.
(*à l'Intimé.*) Vraiment, vous leur pouvez apprendre
Que si l'on nous poursuit nous saurons nous défendre.
(*déchirant le billet.*)
Tenez, voilà le cas qu'on fait de votre exploit.

COMÉDIE.

CHICANEAU.

Comment ! c'est un exploit que ma fille lisoit !
Ah ! tu seras un jour l'honneur de ta famille ;
Tu défendras ton bien. Viens, mon sang ; viens,
 ma fille.
Va, je t'acheterai le praticien françois.
Mais, diantre ! il ne faut pas déchirer les exploits.

ISABELLE, *à l'Intimé.*

Au moins, dites-leur bien que je ne les crains guère ;
Ils me feront plaisir : je les mets à pis faire.

CHICANEAU.

Eh ! ne te fâche point.

ISABELLE, *à l'Intimé.*
  Adieu, monsieur.

SCÈNE IV.

CHICANEAU, L'INTIMÉ.

L'INTIMÉ, *se mettant en état d'écrire.*
  Or çà ;
Verbalisons.

CHICANEAU.
  Monsieur ; de grace, excusez-la ;
Elle n'est pas instruite : et puis, si bon vous sem-
 ble,
En voici les morceaux que je vais mettre ensem-
 ble.

L'INTIMÉ.

Non.

CHICANEAU.

Je le lirai bien.

L'INTIMÉ.
  Je ne suis pas méchant.
J'en ai sur moi copie.

CHICANEAU.
  Ah ! le trait est touchant !
Mais je ne sais pourquoi, plus je vous envisage,
Et moins je me remets, monsieur, votre visage.

Je connais force huissiers.
####### L'INTIMÉ.
Informez-vous de moi.
Je m'acquitte assez bien de mon petit emploi.
####### CHICANEAU.
Soit. Pour qui venez-vous ?
####### L'INTIMÉ.
Pour une brave dame,
Monsieur, qui vous honore, et de toute son ame
Voudrait que vous vinssiez à ma sommation
Lui faire un petit mot de réparation.
####### CHICANEAU.
De réparation ? je n'ai blessé personne.
####### L'INTIMÉ.
Je le crois, vous avez, monsieur, l'ame trop bonne.
####### CHICANEAU.
Que demandez-vous donc ?
####### L'INTIMÉ.
Elle voudrait, monsieur,
Que devant des témoins vous lui fissiez l'honneur
De l'avouer pour sage, et point extravagante.
####### CHICANEAU.
Parbleu ! c'est ma comtesse.
####### L'INTIMÉ.
Elle est votre servante.
####### CHICANEAU.
Je suis son serviteur.
####### L'INTIMÉ.
Vous êtes obligeant,
Monsieur.
####### CHICANEAU.
Oui, vous pouvez l'assurer qu'un sergent
Lui doit porter pour moi tout ce quelle demande.
Hé quoi donc ! les battus, ma foi ! paieront l'amende!
Voyons ce qu'elle chante. Hon... « Sixième janvier,
« Pour avoir faussement dit qu'il fallait lier,
Etant à ce porté par esprit de chicane,
Haute et puissante dame Yolande Cudasne ;

COMÉDIE.

« Comtesse de Pimbesche, Orbesche, et cætera,
« Il soit dit que sur l'heure il se transportera
« Au logis de la dame; et là, d'une voix claire,
« Devant quatre témoins assistés d'un notaire,
« ZESTE ! ledit Hiérôme avoûra hautement
« Qu'il la tient pour sensée et de bon jugement.
« LE BON. » C'est donc le nom de votre seigneurie?

L'INTIMÉ.

Pour vous servir. *(à part.)* Il faut payer d'effronterie.

CHICANEAU.

Le Bon ! jamais exploit ne fut signé Le Bon.
Monsieur le Bon...

L'INTIMÉ.

Monsieur.

CHICANEAU.

Vous êtes un frippon.

L'INTIMÉ.

Monsieur, pardonnez-moi, je suis fort honnête homme.

CHICANEAU.

Mais frippon le plus franc qui soit de Caen à Rome.

L'INTIMÉ.

Monsieur, je ne suis pas pour vous désavouer.
Vous aurez la bonté de me le bien payer.

CHICANEAU.

Moi, payer ? en soufflets.

L'INTIMÉ.

Vous êtes trop honnête.
Vous me le paierez bien.

CHICANEAU.

Oh ! tu me romps la tête.
Tiens, voilà ton paiement.

L'INTIMÉ.

Un soufflet ! Ecrivons.
« Lequel Hiérôme, après plusieurs rébellions,
« Aurait atteint, frappé, moi sergent à la joue,
« Et fait tomber, du coup, mon chapeau dans la boue. »

CHICANEAU, *lui donnant un coup de pied.*
Ajoute cela.
L'INTIMÉ.
Bon, c'est de l'argent comptant ;
J'en avais bien besoin. « Et, de ce non content,
« Aurait avec le pied réitéré. » Courage !
« Outre plus, le susdit serait venu de rage,
« Pour lacérer ledit présent procès-verbal. »
Allons, mon cher monsieur, cela ne va pas mal.
Ne vous relâchez point.
CHICANEAU.
Coquin !
L'INTIMÉ.
Ne vous déplaise
Quelques coups de bâton, et je suis à mon aise.
CHICANEAU, *tenant un bâton.*
Oui-dà. Je verrai bien s'il est sergent.
L'INTIMÉ, *en posture d'écrire.*
Tôt donc,
Frappez. J'ai quatre enfans à nourrir.
CHICANEAU.
Ah ! pardon
Monsieur, pour un sergent je ne pouvais vous prendre ;
Mais le plus habile homme enfin peut se méprendre
Je saurai réparer ce soupçon outrageant.
Oui, vous êtes sergent, monsieur, et très sergent
Touchez la : vos pareils sont gens que je révère ;
Et j'ai toujours été nourri par feu mon père
Dans la crainte de Dieu, monsieur, et des sergens
L'INTIMÉ.
Non, à si bon marché l'on ne bat point les gens.
CHICANEAU.
Monsieur, point de procès.
L'INTIMÉ.
Serviteur. Contumac
Bâton levé, soufflet, coup de pied. Ah !
CHICANEAU.
De grâce
Rend

COMÉDIE.

Rendez-les-moi plutôt.
L'INTIMÉ.
Suffit qu'ils soient reçus ;
Je ne les voudrais pas donner pour mille écus.

SCÈNE V.

LÉANDRE, *en robe de commissaire* ;
CHICANEAU, L'INTIMÉ.

L'INTIMÉ.
Voici fort à propos monsieur le commissaire.
Monsieur, votre présence est ici nécessaire.
Tel que vous me voyez, monsieur, ici présent
M'a d'un fort grand soufflet fait un petit présent.
LÉANDRE.
A vous, monsieur ?
L'INTIMÉ.
A moi, parlant à ma personne,
Item, un coup de pied ; plus, les noms qu'il me donne.
LÉANDRE.
Avez-vous des témoins ?
L'INTIMÉ.
Monsieur, tâtez plutôt ;
Le soufflet sur ma joue est encore tout chaud.
LÉANDRE.
Pris en flagrant délit, affaire criminelle.
CHICANEAU.
Foin de moi !
L'INTIMÉ.
Plus, sa fille, au moins soit-disant telle,
A mis un mien papier en morceaux, protestant
Qu'on lui ferait plaisir ; et que d'un œil content
Elle nous défiait.
LÉANDRE, *à l'Intimé.*
Faites venir la fille.
L'esprit de contumace est dans cette famille.

CHICANEAU, *à part.*
Il faut absolument qu'on m'ait ensorcelé.
Si j'en connais pas un, je veux être étranglé.
LÉANDRE.
Comment! battre un huissier! Mais voici la rebelle.

SCENE VI.

ISABELLE, LÉANDRE, CHICANEAU, L'INTIMÉ.

L'INTIMÉ, *à Isabelle.*
Vous le reconnaissez?
LÉANDRE.
Hé bien, mademoiselle,
C'est donc vous qui tantôt braviez notre officier,
Et qui si hautement osez nous défier?
Votre nom?
ISABELLE.
Isabelle.
LÉANDRE.
Ecrivez, et votre âge?
ISABELLE.
Dix-huit ans.
CHICANEAU.
Elle en a quelque peu davantage;
Mais n'importe.
LÉANDRE.
Etes-vous en pouvoir de mari?
ISABELLE.
Non, monsieur!
LÉANDRE.
Vous riez? Ecrivez qu'elle a ri.
CHICANEAU.
Monsieur, ne parlons point de maris à des filles;
Voyez-vous, ce sont là des secrets de familles.
LÉANDRE.
Mettez qu'il interrompt.

COMÉDIE.

CHICANEAU.

Hé ! je n'y pensais pas.
Prends bien garde, ma fille, à ce que tu diras.

LÉANDRE.

Là, ne vous troublez pas. Répondez à votre aise.
On ne veut pas rien faire ici qui vous déplaise.
N'avez-vous pas reçu de l'huissier que voilà
Certain papier tantôt ?

ISABELLE.

Oui, monsieur.

CHICANEAU.

Bon cela.

LÉANDRE.

Avez-vous déchiré ce papier sans le lire ?

ISABELLE.

Monsieur, je l'ai lu.

CHICANEAU.

Bon.

LÉANDRE, *à l'Intimé.*

Continuez d'écrire.

(*à Isabelle.*)
Et pourquoi l'avez-vous déchiré ?

ISABELLE.

J'avais peur
Que mon père ne prit l'affaire trop à cœur,
Et qu'il ne s'échauffât le sang à sa lecture.

CHICANEAU.

Et tu fuis les procès ? C'est méchanceté pure.

LÉANDRE.

Vous ne l'avez donc pas déchiré par dépit ;
Ou par mépris de ceux qui vous l'avaient écrit ?

ISABELLE.

Monsieur, je n'ai pour eux ni mépris ni colère.

LÉANDRE, *à l'Intimé.*

Ecrivez.

CHICANEAU.

Je vous dis qu'elle tient de son père ;
Elle répond fort bien.

LÉANDRE.
Vous montrez cependant
Pour tous les gens de robe un mépris évident.
ISABELLE.
Une robe toujours m'avait choqué la vue ;
Mais cette aversion à présent diminue.
CHICANEAU.
La pauvre enfant ! Va, va, je te marierai bien,
Dès que je le pourrai, s'il ne m'en coûte rien.
LÉANDRE.
A la justice donc vous voulez satisfaire ?
ISABELLE.
Monsieur, je ferai tout pour ne vous pas déplaire.
L'INTIMÉ.
Monsieur, faites signer.
LÉANDRE.
Dans les occasions
Soutiendrez-vous au moins vos dépositions ?
ISABELLE.
Monsieur, assurez-vous qu'Isabelle est constante.
LÉANDRE.
Signez. Cela va bien, la justice est contente.
Çà, ne signez-vous pas, monsieur ?
CHICANEAU.
Oui-da, gaiment,
A tout ce qu'elle a dit je signe aveuglément.
LÉANDRE, *bas à Isabelle.*
Tout va bien. A mes vœux le succès est conforme :
Il signe un bon contrat écrit en bonne forme ;
Et sera condamné tantôt sur son écrit.
CHICANEAU, *à part.*
Que lui dit-il ? Il est charmé de son esprit.
LÉANDRE.
Adieu. Soyez toujours aussi sage que belle,
Tout ira bien. Huissier, ramenez-la chez elle.
Et vous, monsieur, marchez.
CHICANEAU.
Où, monsieur ?

COMÉDIE.

LÉANDRE.

Suivez-moi.

CHICANEAU.

Où donc?

LÉANDRE.

Vous le saurez. Marchez, de par le roi.

CHICANEAU.

Comment!

SCENE VII.

LÉANDRE, CHICANEAU, PETIT-JEAN.

PETIT-JEAN.

Hola! quelqu'un n'a-t-il point vu mon maître?
Quel chemin a-t-il pris? la porte, ou la fenêtre?

LÉANDRE.

A l'autre!

PETIT-JEAN.

Je ne sais qu'est devenu son fils;
Et pour le père, il est où le diable l'a mis.
Il me redemandait sans cesse ses épices;
Et j'ai tout bonnement couru dans les offices
Chercher la boîte au poivre : et lui, pendant cela,
Est disparu.

SCENE VIII.

DANDIN, *à une lucarne*; LÉANDRE, CHICANEAU, L'INTIMÉ, PETIT-JEAN.

DANDIN.

Paix! paix! que l'on se taise là.

LÉANDRE.

Hé! grand dieu!

PETIT-JEAN.

Le voilà, ma foi, dans les gouttières.

DANDIN.

Quelles gens êtes-vous? Quelles sont vos affaires?

Qui sont ces gens en robe ? Etes-vous avocats ?
Çà, parlez.

PETIT-JEAN.
Vous verrez qu'il va juger les chats.

DANDIN.
Avez-vous eu le soin de voir mon secrétaire ?
Allez lui demander si je sais votre affaire.

LÉANDRE.
Il faut bien que je l'aille arracher de ces lieux.
Sur votre prisonnier, huissier, ayez les yeux.

PETIT-JEAN.
Ho, ho, monsieur !

LÉANDRE.
Tais-toi, sur les yeux de ta tête ;
Et suis-moi.

SCENE IX.

LA COMTESSE, DANDIN, CHICANEAU, L'INTIMÉ.

DANDIN.
Dépêchez, donnez vôtre requête.

CHICANEAU.
Monsieur, sans votre aveu l'on me fait prisonnier.

LA COMTESSE.
Hé, mon dieu ! j'aperçois monsieur dans son grenier.
Que fait-il là ?

L'INTIMÉ.
Madame, il y donne audience.
Le champ vous est ouvert.

CHICANEAU.
On me fait violence,
Monsieur, on m'injurie, et je venais ici
Me plaindre à vous.

LA COMTESSE.
Monsieur, je viens me plaindre aussi.

CHICANEAU et LA COMTESSE.
Vous voyez devant vous mon adverse partie.

COMÉDIE.

L'INTIMÉ.
Parbleu ! je me veux mettre aussi de la partie.
CHICANEAU, LA COMTESSE, L'INTIMÉ.
Monsieur, je viens ici pour un petit exploit.
CHICANEAU.
Hé ! messieurs, tour à tour exposons notre droit.
LA COMTESSE.
Son droit ? Tout ce qu'il dit sont autant d'impostures.
DANDIN.
Qu'est-ce qu'on vous a fait ?
CHICANEAU, LA COMTESSE, L'INTIMÉ.
On m'a dit des injures.
L'INTIMÉ, *continuant.*
Outre un soufflet, monsieur, que j'ai reçu plus qu'eux.
CHICANEAU.
Monsieur, je suis cousin de l'un de vos neveux.
LA COMTESSE.
Monsieur, père Cordon vous dira mon affaire.
L'INTIMÉ.
Monsieur, je suis bâtard de votre apothicaire.
DANDIN.
Vos qualités ?
LA COMTESSE.
Je suis comtesse !
L'INTIMÉ.
Huissier.
CHICANEAU.
Bourgeois.
Messieurs.
DANDIN, *se retirant de la lucarne.*
Parlez toujours, je vous entends tous trois.
CHICANEAU.
Monsieur...
L'INTIMÉ.
Bon ! le voilà qui fausse compagnie.
LA COMTESSE.
Hélas !

CHICANEAU.
Hé quoi ! déjà l'audience est finie ?
Je n'ai pas eu le temps de lui dire deux mots.

SCÈNE X.

LEANDRE, *sans robe*; CHICANEAU,
LA COMTESSE, L'INTIMÉ.

LÉANDRE.
Messieurs, voulez-vous bien nous laisser en repos ?
CHICANEAU.
Monsieur, peut-on entrer ?
LÉANDRE.
Non, monsieur, ou je meure.
CHICANEAU.
Hé ! pourquoi ? j'aurai fait en une petite heure,
En deux heures au plus.
LÉANDRE.
On n'entre point, monsieur.
LA COMTESSE.
C'est bien fait de fermer la porte à ce crieur.
Mais moi...
LÉANDRE.
L'on n'entre point, madame, je vous jure.
LA COMTESSE.
Ho, monsieur, j'entrerai.
LÉANDRE.
Peut-être.
LA COMTESSE.
J'en suis sûre.
LÉANDRE.
Par la fenêtre donc ?
LA COMTESSE.
Par la porte.
LÉANDRE.
Il faut voir.
CHICANEAU.
Quand je devrais ici demeurer jusqu'au soir.

SCÈNE XI.

LÉANDRE, CHICANEAU, LA COMTESSE, L'INTIMÉ, PETIT-JEAN.

PETIT-JEAN, *à Léandre.*

On ne l'entendra pas, quelque chose qu'il fasse.
Parbleu ! je l'ai fourré dans notre salle basse,
Tout auprès de la cave.

LÉANDRE.

En un mot comme en cent,
On ne voit point mon père.

CHICANEAU.

Hé bien donc, si pourtant
Sur toute cette affaire il faut que je le voie...
(*Dandin paraît par le soupirail.*)
Mais que vois-je ? Ah ! c'est lui que le ciel nous renvoie !

LÉANDRE.

Quoi ! par le soupirail !

PETIT-JEAN.

Il a le diable au corps.

CHICANEAU.

Monsieur...

DANDIN.

L'impertinent ! Sans lui j'étais dehors.

CHICANEAU.

Monsieur...

DANDIN.

Retirez-vous, vous êtes une bête.

CHICANEAU.

Monsieur, voulez-vous bien...

DANDIN.

Vous me rompez la tête.

CHICANEAU.

Monsieur, j'ai commandé...

DANDIN.

Taisez-vous, vous dit-on.

CHICANEAU.
Que l'on portât chez vous...
DANDIN.
Qu'on le mène en prison.
CHICANEAU.
Certain quartaut de vin.
DANDIN.
Hé! je n'en ai que faire.
CHICANEAU.
C'est de très-bon muscat.
DANDIN.
Redites votre affaire.
LÉANDRE, *à l'Intimé.*
Il faut les entourer ici de tous côtés.
LA COMTESSE.
Monsieur, il vous va dire autant de faussetés.
CHICANEAU.
Monsieur, je vous dis vrai.
DANDIN.
Mon dieu! laissez-la dire.
LA COMTESSE.
Monsieur, écoutez-moi.
DANDIN.
Souffrez que je respire.
CHICANEAU.
Monsieur.
DANDIN.
Vous m'étranglez.
LA COMTESSE.
Tournez les yeux vers moi.
DANDIN.
Elle m'étrangle. Ay! ay!
CHICANEAU.
Vous m'entraînez, ma foi!
Prenez garde, je tombe.
PETIT-JEAN.
Ils sont, sur ma parole,
L'un et l'autre encavés.

LÉANDRE.
Vite, que l'on y vole;
Courez à leur secours. Mais au moins je prétends
Que monsieur Chicaneau, puisqu'il est là dedans,
N'en sorte d'aujourd'hui L'Intimé, prends-y garde.
L'INTIMÉ.
Gardez le soupirail.
LÉANDRE.
Va vite, je le garde.

SCENE XII.

LA COMTESSE, LÉANDRE.

LA COMTESSE.
Misérable! il s'en va lui prévenir l'esprit.
(*par le soupirail.*)
Monsieur, ne croyez rien de tout ce qu'il vous dit;
Il n'a point de témoins, c'est un menteur.
LÉANDRE.
Madame,
Que leur contez-vous là? Peut-être ils rendent l'ame
LA COMTESSE.
Il lui fera, monsieur, croire ce qu'il voudra.
Souffrez que j'entre.
LÉANDRE.
Oh non! personne n'entrera.
LA COMTESSE.
Je le vois bien, monsieur, le vin muscat opère
Aussi bien sur le fils que sur l'esprit du père.
Patience, je vais protester comme il faut
Contre monsieur le juge et contre le quartaut.
LÉANDRE.
Allez donc, et cessez de nous rompre la tête.
Que de fous! Je ne fus jamais à telle fête.

SCENE XIII.

DANDIN, LÉANDRE, L'INTIMÉ.

L'INTIMÉ.

Monsieur, où courez-vous ? C'est vous mettre en danger.
Et vous boitez tout bas.

DANDIN.

Je veux aller juger.

LÉANDRE.

Comment, mon père ! Allons, permettez qu'on vous panse.
Vite, un chirurgien.

DANDIN.

Qu'il vienne à l'audience.

LÉANDRE.

Hé ! mon père ! arrêtez...

DANDIN.

Oh ! je vois ce que c'est ;
Tu prétends faire ici de moi ce qui te plaît ;
Tu ne gardes pour moi respect ni complaisance :
Je ne puis prononcer une seule sentence.
Achève, prends ce sac, prends vite.

LÉANDRE.

Hé ! doucement,
Mon père. Il faut trouver quelque accommodement.
Si pour vous, sans juger, la vie est un supplice,
Si vous êtes pressé de rendre la justice,
Il ne faut point sortir pour cela de chez vous ;
Exercez le talent, et jugez parmi nous.

DANDIN.

Ne raillons point ici de la magistrature.
Vois-tu ? je ne veux point être un juge en peinture.

LÉANDRE.

Vous serez, au contraire, un juge sans appel,
Et juge du civil comme du criminel.
Vous pourrez tous les jours tenir deux audiences :

COMÉDIE.

Tout vous sera chez vous matière de sentences.
Un valet manque-t-il de rendre un verre net ;
Condamnez-le à l'amende, ou, s'il le casse, au fouet.

DANDIN.
C'est quelque chose. Encor passe quand on raisonne.
Et mes vacations, qui les paiera ? personne ?

LÉANDRE.
Leurs gages vous tiendront lieu de nantissement.

DANDIN.
Il parle, ce me semble, assez pertinemment.

LÉANDRE.
Contre un de vos voisins...

SCENE XIV.

DANDIN, LÉANDRE, L'INTIMÉ, PETIT-JEAN.

PETIT-JEAN.
                 Arrête ! arrête ! attrape!

LÉANDRE, à l'Intimé.
Ah ! c'est mon prisonnier, sans doute, qui s'échappe?

L'INTIMÉ.
Non, non, ne craignez rien.

PETIT-JEAN.
              Tout est perdu... Citron...
Votre chien... vient là-bas de manger un chapon.
Rien n'est sûr devant lui, ce qu'il trouve il l'emporte.

LÉANDRE.
Bon, voilà pour mon père une cause. Main forte.
Qu'on se mette après lui. Courrez tous.

DANDIN.
                          Point de bruit,
Tout doux. Un amené sans scandale suffit.

LÉANDRE.
Çà, mon père, il faut faire un exemple authentique:
Jugez sévèrement ce voleur domestique.

DANDIN.
Mais je veux faire au moins la chose avec éclat.

Il faut de part et d'autre avoir un avocat.
Nous n'en avons pas un.
LÉANDRE.
Hé bien ! il en faut faire.
Voilà votre portier et votre secrétaire ;
Vous en ferez, je crois, d'excellens avocats :
Ils sont fort ignorans.
L'INTIMÉ.
Non pas, monsieur, non pas.
J'en dormirai monsieur tout aussi bien qu'un autre.
PETIT-JEAN.
Pour moi, je ne sais rien ; n'attendez rien du nôtre.
LÉANDRE.
C'est ta première cause, et l'on te la fera.
PETIT-JEAN.
Mais je ne sais pas lire.
LÉANDRE.
Hé ! l'on te soufflera.
DANDIN.
Allons nous préparer. Çà, messieurs, point d'intrigue.
Fermons l'œil aux présens, et l'oreille à la brigue.
Vous, maître Petit-Jean, serez le demandeur :
Vous, maître l'Intimé, soyez le défendeur.

Fin du second acte.

ACTE III.

SCÈNE PREMIERE.
CHICANEAU, LÉANDRE, LE SOUFFLEUR.

CHICANEAU.

Oui, monsieur, c'est ainsi qu'ils ont conduit l'affaire;
L'huissier m'est inconnu, comme le commissaire.
Je ne mens pas d'un mot.
LÉANDRE.
Oui, je crois tout cela ;
Mais si vous m'en croyez, vous les laisserez là.
En vain vous prétendez les pousser l'un et l'autre ;
Vous troublerez bien moins leur repos que le vôtre.
Les trois quarts de vos biens sont déjà dépensés
A faire enfler des sacs l'un sur l'autre entassés :
Et dans une poursuite à vous-même contraire...
CHICANEAU.
Vraiment vous me donnez un conseil salutaire ;
Et devant qu'il soit peu je veux en profiter :
Mais je vous prie au moins de bien solliciter.
Puisque monsieur Dandin va donner audience,
Je vais faire venir ma fille en diligence.
On peut l'interroger, elle est de bonne foi ;
Et même elle saura mieux répondre que moi.
LÉANDRE.
Allez et revenez, l'on vous fera justice.
LE SOUFFLEUR.
Quel homme !

SCENE II.

LÉANDRE, LE SOUFFLEUR.

LÉANDRE.

Je me sers d'un étrange artifice:
Mais mon père est un homme à se désespérer;
Et d'une cause en l'air il le faut bien leurrer.
D'ailleurs, j'ai mon dessein, et je veux qu'il condamne
Ce fou qui réduit tout au pied de la chicane.
Mais voici tous nos gens qui marchent sur nos pas.

SCENE III.

DANDIN, LÉANDRE; L'INTIMÉ et PETIT-JEAN *en robe*; LE SOUFFLEUR.

DANDIN.

Ça, qu'êtes-vous ici ?

LÉANDRE.

Ce sont les avocats.

DANDIN, *au Souffleur.*

Vous ?

LE SOUFFLEUR.

Je viens secourir leur mémoire troublée.

DANDIN.

Je vous entends. Et vous ?

LÉANDRE.

Moi ? je suis l'assemblée.

DANDIN.

Commencez donc.

LE SOUFFLEUR.

Messieurs...

PETIT-JEAN.

Ho ! prenez-le plus bas :
Si vous soufflez si haut, l'on ne m'entendra pas.
Messieurs..

COMÉDIE.

DANDIN.
Couvrez-vous.

PETIT-JEAN.
Oh! Mes...

DANDIN.
Couvrez-vous, vous dis-je.

PETIT-JEAN.
Oh! monsieur! je sais bien à quoi l'honneur m'oblige.

DANDIN.
Ne te couvre donc pas.

PETIT-JEAN.
(*se couvrant*) (*au* Souffleur.)
Messieurs... Vous, doucement;
Ce que je sais le mieux, c'est mon commencement.
Messieurs, quand je regarde avec exactitude
L'inconstance du monde et sa vicissitude;
Lorsque je vois, parmi tant d'hommes différens,
Pas une étoile fixe, et tant d'astres errans;
Quand je vois les Césars, quand je vois leur fortune;
Quand je vois le soleil, et quand je vois la lune;
     Babyloniens.
Quand je vois les états des Babiboniens.
   Persans. Macédoniens.
Transférés des Serpens aux Nacédoniens;
  Romains.   *despotique.*
Quand je vois les Lorrains, de l'état dépotique,
   démocratique.
Passer au démocrite, et puis au monarchique;
Quand je vois le japon...

L'INTIMÉ.
Quand aura-t-il tout vu?

PETIT-JEAN.
Oh! pourquoi celui-là m'a-t-il interrompu?
Je ne dirai plus rien.

DANDIN.
Avocat incommode,
Que ne lui laissez-vous finir sa période?
Je suais sang et eau, pour voir si du Japon
Il viendrait à bon port au fait de son chapon;

Et vous l'interrompez par un discours frivole.
Parlez donc, avocat.

PETIT-JEAN.

J'ai perdu la parole.

LÉANDRE.

Achève, Petit-Jean : c'est fort bien débuté...
Mais que font là tes bras pendans à ton côté ?
Te voilà sur tes pieds droit comme une statue...
Dégourdis-toi. Courage ; allons, qu'on s'évertue.

PETIT-JEAN, *remuant les bras.*

Quand... je vois... Quand... je vois...

LÉANDRE.

Dis donc ce que tu vois.

PETIT-JEAN.

Oh dame ! on ne court pas deux lièvres à la fois.

LE SOUFFLEUR.

On lit...

PETIT-JEAN.

On lit...

LE SOUFFLEUR.

Dans la...

PETIT-JEAN.

Dans la...

LE SOUFFLEUR.

Métamorphose.

PETIT-JEAN.

Comment ?

LE SOUFFLEUR.

Que la métem...

PETIT-JEAN.

Que la métem.

LE SOUFFLEUR.

Psycose...

PETIT-JEAN.

Psycose...

LE SOUFFLEUR.

Hé ! le cheval...

PETIT-JEAN.

Et le cheval...

COMÉDIE.

LE SOUFFLEUR.

Encor...

PETIT-JEAN.

Encor...

LE SOUFFLEUR.

Le chien !

PETIT-JEAN.

Le chien...

LE SOUFFLEUR.

Le butor !

PETIT-JEAN.

Le butor...

LE SOUFFLEUR.

Peste de l'avocat !

PETIT-JEAN.

Ah ! peste de toi-même !
Voyez cet autre avec sa face de carême !
Va-t'en au diable.

DANDIN.

Et vous, venez au fait. Un mot
Du fait.

PETIT-JEAN.

Hé ! faut-il tant tourner autour du pot ?
Ils me font dire aussi des mots long d'une toise,
De grands mots qui tiendraient d'ici jusqu'à Pontoise.
Pour moi, je ne sais point tant faire de façon
Pour dire qu'un matin vient de prendre un chapon.
Tant y a qu'il n'est rien que votre chien ne prenne;
Qu'il a mangé là-bas un bon chapon du Maine ;
Que la première fois que je l'y trouverai,
Son procès est tout fait, et je l'assommerai.

LÉANDRE.

Belle conclusion, et digne de l'exorde !

PETIT-JEAN.

On l'entend bien toujours. Qui voudra mordre y morde.

DANDIN.

Appelez les témoins.

LES PLAIDEURS,
LÉANDRE.
C'est bien dit, s'il le peut :
Les témoins sont fort chers, et n'en a pas qui veut.
PETIT-JEAN.
Nous en avons pourtant, et qui sont sans reproche.
DANDIN.
Faites-les donc venir.
PETIT-JEAN.
Je les ai dans ma poche.
Tenez, voilà la tête et les pieds du chapon ;
Voyez-les, et jugez.
L'INTIMÉ.
Je les récuse.
DANDIN.
Bon !
Pourquoi les récuser ?
L'INTIMÉ.
Monsieur, ils sont du Maine.
DANDIN.
Il est vrai que du Mans il en vient par douzaine.
L'INTIMÉ.
Messieurs...
DANDIN.
Serez-vous long, avocat ? dites-moi.
L'INTIMÉ.
Je ne réponds de rien.
DANDIN.
Il est de bonne foi.
L'INTIMÉ, *d'un ton finissant en fausset.*
Messieurs, tout ce qui peut étonner un coupable,
Tout ce que les mortels ont de plus redoutable,
Semble s'être assemblé contre nous par hasard,
Je veux dire la brigue et l'éloquence. Car,
D'un côté, le crédit du défunt m'épouvante :
Et de l'autre côté l'éloquence éclatante
De maître Petit-Jean m'éblouit.
DANDIN.
Avocat,
De votre ton vous-même adoucissez l'éclat.

COMÉDIE.

L'INTIMÉ.
(*d'un ton ordinaire*) (*du beau ton.*)
Oui-dà, j'en ai plusieurs. Mais quelque défiance
Que nous doive donner la susdite éloquence,
Et le susdit crédit ; ce néanmoins, messieurs,
L'ancre de vos bontés nous rassure. D'ailleurs,
Devant le grand Dandin l'innocence est hardie ;
Oui, devant ce Caton de basse Normandie,
Ce soleil d'équité qui n'est jamais terni :
VICTRIX CAUSA DIIS PLACUIT, SED VICTA CATONI.

DANDIN.
Vraiment, il plaide bien.

L'INTIMÉ.
Sans craindre aucune chose,
Je prends donc la parole, et je viens à ma cause.
Aristote, PRIMO PERI POLITICON,
Dit fort bien...

DANDIN.
Avocat, il s'agit d'un chapon,
Et non pas d'Aristote et de sa politique.

L'INTIMÉ.
Oui, mais l'autorité du Péripatétique
Prouverait que le bien et le mal...

DANDIN.
Je prétends
Qu'Aristote n'a point d'autorité céans.
Au fait.

L'INTIMÉ.
Pausanias en ses Corinthiaques...

DANDIN.
Au fait.

L'INTIMÉ.
Rebuffe...

DANDIN.
Au fait, vous dis-je.

L'INTIMÉ.
Le grand Jacques...

DANDIN.
Au fait, au fait, au fait.

L'INTIMÉ.
Harmenopul, IN PROMP...
DANDIN.
Oh ! je te vais juger.
L'INTIMÉ.
Oh! vous êtes si prompt !
Voici le fait. (*vite.*) Un chien vient dans une cuisine,
Il y trouve un chapon, lequel a bonne mine.
Or celui pour lequel je parle est affamé,
Celui contre lequel je parle AUTEM plumé ;
Et celui pour lequel je suis, prend en cachette
Celui contre lequel je parle. L'on décrète ;
On le prend. Avocat pour et contre appelé :
Jour pris. Je dois parler, je parle; j'ai parlé.
DANDIN.
Ta, ta, ta, ta. Voilà bien instruire une affaire !
Il dit fort posément ce dont on n'a que faire,
Et court le grand galop quand il est à son fait.
L'INTIMÉ.
Mais le premier, monsieur, c'est le beau.
DANDIN.
C'est le laid.
A-t-on jamais plaidé d'une telle méthode ?
Mais qu'en dit l'assemblée ?
LÉANDRE.
Il est fort à la mode.
L'INTIMÉ, *d'un ton véhément.*
Qu'arrive-t-il, messieurs? On vient. Comment vient-on ?
On poursuit ma partie. On force une maison.
Quelle maison ? maison de notre propre juge.
On brise le selier qui nous sert de refuge.
De vol, de brigandage on nous déclare auteurs.
On nous traîne, on nous livre à nos accusateurs,
A maître Petit-Jean, messieurs. Je vous atteste :
Qui ne sait que la loi, SI QURS CANIS, Digeste
DE VI, paragrapho, messieurs... CAPONIBUS,
Est manifestement contraire à cet abus ?
Et quand il serait vrai que Citron ma partie

Aurait mangé, messieurs, le tout, ou bien partie
Dudit chapon : qu'on mette en compensation
Ce que nous avons fait avant cette action.
Quand ma partie a-t-elle été réprimendée ?
Par qui votre maison a-t-elle été gardée ?
Quand avons-nous manqué d'aboyer au larron ?
Témoins trois procureurs, dont icelui Citron
A déchiré la robe. On en verra les pièces.
Pour nous justifier, voulez-vous d'autres pièces ?

PETIT-JEAN.

Maître Adam...

L'INTIMÉ.
Laissez-nous.

PETIT-JEAN.
L'Intimé...

L'INTIMÉ.
Laissez-nous.

PETIT-JEAN.

S'enroue.

L'INTIMÉ.
Hé ! laissez-nous. Euh ! euh !

DANDIN.
Reposez-vous,
Et concluez.

L'INTIMÉ, *d'un ton pesant.*
Puis donc qu'on nous permet de prendre
Haleine, et que l'on nous défend de nous étendre,
Je vais, sans rien omettre et sans prévariquer,
Compendieusement énoncer, expliquer,
Exposer à vos yeux l'idée universelle
De ma cause, et des faits renfermés en icelle.

DANDIN.
Il aurait plutôt fait de dire tout vingt fois
Que de l'abréger une. Homme, ou, qui que te sois,
Diable, conclus ; ou bien que le ciel te confonde !

L'INTIMÉ.
Je finis.

DANDIN.
Ah !

L'INTIMÉ.
Avant la naissance du monde...

DANDIN, *bâillant.*
Avocat, ah ! passons au déluge.

L'INTIMÉ.
Avant donc
La naissance du monde et sa création,
Le monde, l'univers, tout, la nature entière
Etait enseveli au fond de la matière.
Les élémens, le feu, l'air, et la terre, et l'eau
Enfoncés, entassés, ne faisaient qu'un monceau,
Une confusion, une masse sans forme,
Un désordre, un chaos, une cohue énorme.
UNUS ERAT TOTO NATURÆ VULTUS IN ORBE,
QUEM GRÆCI DIXERE CAHOS, RUDIS INDIGESTA
QUE MOLES.

(*Dandin endormi se laisse tomber.*)

LÉANDRE.
Quelle chute mon père !

PETIT-JEAN.
Ah, monsieur ! comme il dor

LÉANDRE.
Mon père, éveillez-vous.

PETIT-JEAN.
Monsieur, êtes-vous mort

LÉANDRE.
Mon père !

DANDIN.
Hé bien ? hé bien ? quoi ? qu'est-ce ? Ah ! a quel homme !
Certes, je n'ai jamais dormi d'un si bon somme.

LÉANDRE.
Mon père, il faut juger.

DANDIN.
Aux galères.

LÉANDRE.
Un chien
Aux galères !

COMÉDIE.

DANDIN.
Ma foi ! je n'y conçois plus rien.
De monde, de chaos j'ai la tête troublée.
Hé ! concluez.

L'INTIMÉ, *lui présentant de petits chiens.*
Venez, famille désolé;
Venez, pauvres enfans qu'on veut rendre orphelins;
Venez faire parler vos esprits enfantins,
Oui, messieurs, vous voyez ici notre misère :
Nous sommes orphelins rendez-nous notre père,
Notre père, par qui nous fûmes engendrés,
Notre père, qui nous...

DANDIN.
Tirez, tirez, tirez.

L'INTIMÉ.
Notre père, messieurs...

DANDIN.
Tirez donc. Quels vacarmes
Ils ont pissé par-tout.

L'INTIMÉ.
Monsieur, voyez nos larmes.

DANDIN.
Ouf. Je me sens déjà pris de compassion.
Ce que c'est qu'à propos toucher la passion !
Je suis bien empêché. La vérité me presse;
Le crime est avéré; lui-même il le confesse.
Mais, s'il est condamné, l'embarras est égal;
Voilà bien des enfans réduits à l'hôpital.
Mais je suis occupé, je ne veux voir personne.

SCENE IV.

DANDIN, LÉANDRE, CHICANEAU,
ISABELLE, L'INTIMÉ, PETIT-JEAN.

CHICANEAU.
Monsieur.

DANDIN.
Oui, pour vous seuls l'audience se donne.

Adieu... Mais, s'il vous plaît quel est cet enfant-là ?
CHICANEAU.
C'est ma fille, monsieur.
DANDIN.
Hé ! tôt, rappelez-la.
ISABELLE.
Vous êtes occupé.
DANDIN.
Moi ! je n'ai point d'affaire.
(*à Chicaneau.*)
Que ne me disiez-vous que vous étiez son père ?
CHICANEAU.
Monsieur...
DANDIN.
Elle sait mieux votre affaire que vous.
Dites... Qu'elle est jolie, et qu'elle a les yeux doux !
Ce n'est pas tout, ma fille, il faut de la sagesse.
Je suis tout réjoui de voir cette jeunesse.
Savez-vous que j'étais un compère autrefois ?
On a parlé de nous.
ISABELLE.
Ah ! monsieur, je vous crois.
DANDIN.
Dis-nous : à qui veux-tu faire perdre la cause ?
ISABELLE.
A personne.
DANDIN.
Pour toi je ferai toute chose.
Parle donc.
ISABELLE.
Je vous ai trop d'obligation.
DANDIN.
N'avez-vous jamais vu donner la question ?
ISABELLE.
Non ; et ne le verrai, que je crois de ma vie.
DANDIN.
Venez, je vous en veux faire passer l'envie.
ISABELLE.
Hé, monsieur ! peut-on voir souffrir des malheureux !

DANDIN.
Bon ! cela fait toujours passer une heure ou deux.
CHICANEAU.
Monsieur, je viens ici pour vous dire...
LÉANDRE.
Mon père,
Je vous vais en deux mots dire toute l'affaire.
C'est pour un mariage. Et vous saurez d'abord
Qu'il ne tient plus qu'à vous, et que tout est d'accord.
La fille le veut bien ; son amant le respire :
Ce que la fille veut, le père le désire.
C'est à vous de juger.
DANDIN, *se rasseyant.*
Mariez au plus tôt :
Dès demain, si l'on veut ; aujourd'hui, s'il le faut.
LÉANDRE.
Mademoiselle, allons, voilà votre beau-père ;
Saluez-le.
CHICANEAU.
Comment !
DANDIN.
Quel est donc ce mystère ?
LÉANDRE.
Ce que vous avez dit se fait de point en point.
DANDIN.
Puisque je l'ai jugé, je n'en reviendrai point.
CHICANEAU.
Mais on ne donne pas une fille sans elle.
LÉANDRE.
Sans doute ; et j'en croirai la charmante Isabelle.
CHICANEAU.
Es-tu muette ? Allons, c'est à toi de parler.
Parle.
ISABELLE.
Je n'ose pas, mon père, en appeler.
CHICANEAU.
Mais j'en appelle, moi.
LÉANDRE, *lui montrant un papier.*
Voyez cette écriture.

Vous n'appelerez pas de votre signature.
CHICANEAU.
Plait-il ?
DANDIN.
C'est un contrat en fort bonne façon.
CHICANEAU.
Je vois qu'on m'a surpris ; mais j'en aurai raison :
De plus de vingt procès ceci sera la source.
On a la fille ; soit : on n'aura pas la bourse.
LÉANDRE.
Hé! monsieur! qui vous dit qu'on vous demande rien?
Laissez-nous votre fille et gardez votre bien.
CHICANEAU.
Ah !
LÉANDRE.
Mon père, êtes-vous content de l'audience ?
DANDIN.
Oui-dà. Que les procès viennent en abondance,
Et je passe avec vous le reste de mes jours.
Mais que les avocats soient désormais plus courts.
Et notre criminel ?
LÉANDRE.
Ne parlons que de joie,
Grace ! grace ! mon père.
DANDIN.
Hé bien, qu'on le renvoie.
C'est en votre faveur, ma bru, ce que j'en fais.
Allons nous délasser à voir d'autres procès.

FIN DU TOME PREMIER.

TABLE DES PIÈCES

CONTENUES DANS CE VOLUME.

Mémoire sur la vie de J. Racine, Page 3
La Thébaïde ou les Frères ennemis,
   tragédie, 15
Alexandre, tragédie, 71
Andromaque, tragédie, 129
Les Plaideurs, comédie, 191

Fin de la table du tome premier.

118

R. A St-Cloud ; il a[...]
roi pour l'amuser ; et [...]
frappa.

D. Combien de tem[...]
R. Trente-neuf ans [...]
quinze ; son corps fu[...]
ensuite à St-Denis.

La branche des VAL[...] 160[...]
elle avait régné [...]
Philippe VI) et donn[...]
presque tous magnifi[...]
Protecteurs des bel[...]

www.ingramcontent.com/pod-product-compliance
Lightning Source LLC
Chambersburg PA
CBHW060123170426
43198CB00010B/1006